KB230873

구속사적 설교신학

구 금 섭 지음

한국학술정보(주)

설교는 목회의 생명 교회를 교회되게 하는 사역

구속사적 설교신학

구 금 섭 지음

한국학술정보(주)

서 문

구속사적 설교 방법은 아직은 한국 교회에 널리 알려진 개념은 아니다. 이것에 관한 연구로는 시드니 크레이다누스의 「오직성경」, 에드문드 클로우니(Edmund P. Clowney)의 「설교와 성경신학」, 더 그라아프의 「언약사」, 고재수의 「구속사적 설교의 실제」, 박종칠의 「구속사적 성경해석」, 김영철의 「여호와 신실하신 우리 하나님」 등이 있다.

목회는 구원사역이다. 구원사역에 종사하는 설교자의 기쁨은, 신부가 신랑을 위해 준비하고 함께하는 식사만큼이나 행복하고 즐거울 것이다.

필자가 전도사시절 생면부지의 외숙 한 분을 만났다. 만나자마자 성경난해 구절과 역사본문의 등식 등에 관한 질문을 하였지만 시원스럽게 답변하지 못했다. 얼굴은 이내 홍당무가 되었고, 이러하니 한국교회 장래가 걱정된다는 질책에 식은땀이 흐르고, 목은 타들어 갔다. 19살에 집사가 되어 일생 동안 일하면서도 성경을 손에서 잠시도 놓지 않았다는 외숙의 성경적 관점은 놀라웠다. 오히려 전도사의 마음이 후련할 정도의 명쾌한 해석을 하였다. 그 후 원복음인 창세기 3장 15절의 "여자의 후손은 뱀의 머리를 밟으리라"는 구속사적 언약은 필자의 신학이 되어 학위논문을 착상하고 해산하기까지 도전과 감응을 주었다. 살아있는 케리그마를 만난 것이다. 일부 케리그마 없는 윤리적, 도덕적 설교(?), 심미적인 설교, 디다케 설교 일색인 한국 교회에 이런 면에서 구속사적 설교는 복음적인 신앙을 지키고 풍성한 강단을 추구하는 데 돌파구가 될 수 있으리라고 본다.

일반적으로 '구속사'란 하나님께서 그의 뜻을 따라 모든 것을 계획했으며 특히 예수 그리스도 안에서 세상을 구원하실 것을 계시하시고 섭리하시고 간섭하신다는 신학적인 입장이다.

구속사적 설교를 처음 말하기 시작한 것은 1930년대 말 화란 칼빈주의 자들에 의해서이다. 그러나 당시까지 예증적 설교를 지켜오던 자들의 반발도 있었다. 이런 면에서 한국 교회도 이 설교 방법이 아직은 어색하게 느껴질 것이다.

구속사적 설교를 낳게 한 배경은 먼저 Karl Barth의 변증법적 신학에 대한 반응 때문이었다. 여기에 대표자인 스킬더 박사는 계시사를 바로 깨닫지 못하는 한 성경해석을 바로 할 수 없다고 주장하였다. 그리고 1930년대를 전후해서 화란 교회에서 일어난 이른바 주관주의(Subjectivism)에 대한 반작용에서 시작되었다.

우리가 성경을 잘못 사용하면 윤리적 모범을 보여주는 책으로 전락시키기 쉬운데 이것이 예증설교의 문제점이다. 그러나 이것은 초기부터 중세를 거쳐 개혁주의자들까지도 답습해 왔다.

예증설교 지지자들은 지적하기를 구속사적 설교는 너무 현실과 동떨어진 강의가 될 뿐이며 무미건조한 설교라고 한다. 또 예수님이 구약을 사용하여 그리스도를 발견하도록 했으니 예증설교를 해야 한다고 주장한다. 그러나 문제는 진정한 의미에서 예증적 설교는 순전히 인간 중심적이라는 사실이다. 특히 전기적 인물을 고찰하고 거기서 교훈을 얻는 것이 옳은가하는 것이 문제이다. T. Hoekstra의 지적대로 강단에서 전파될 자는 아브라함, 모세, 베드로 아니라 예수 그리스도이다.

또 하나의 문제점은 설교가 도덕적 교훈으로 전락해 버리기 쉽다는 것이다. 동시에 이런 설교를 위해서는 본문을 선택적으로 사용하는 오류에 빠지기가 쉽다. 뿐만 아니라 예증설교는 구속역사를 세속사로 전락시켜 버리게 된다.

먼저 구속사적 설교의 원리를 소개하겠다.

1) 그리스도(하나님) 중심사상
구속사적 설교를 하는 사람은 항상 역사적 본문은 그리스도 중심의 접근을 우선으로 시작한다. 성경의 역사는 하나님의 구속사이므로 이것은 당연한 것이다. 그러므로 어떤 인물의 성공적 삶을 말하기보다 하나님께서 그 인물을 통해 무엇을 하셨는가에 초점을 맞추어야 할 것이다.

2) 역사적 점진성의 원리

구속사적 설교란 하나님께서 당신의 구원운동을 구체적인 역사 가운데 진행시켰다는 것을 파악해야 한다. 다시 말하면 구속사는 그 본질적 요소로서 역사성을 가진다. Barth를 중심으로 한 초역사주의는 기독교를 공중누각 같은 초월 종교로 만들어 버렸다.

또한 구속사는 역사 속에서 여러 사건을 동반하면서 점진적으로 발전되어 간다는 것을 전제한다. 하나님의 구속사에서 통일성과 점진성을 전제하고 학문적 발전을 시켜 나가는 것을 성경신학이라고 한다면 구속사적 설교는 바로 성경신학적 설교 방법론이라고 할 수 있을 것이다.

3) 구속사적 설교란 하나님의 구원운동을 역사의 축으로 보는 것이다.

하나님의 말씀은 역사적 특성을 가질 뿐 아니라 구원의 특성을 가지고 있다. 그러므로 구속사적 설교의 방법은 어떤 본문을 가지고 설교하든지 하나님의 구속의 계획과 예수 그리스도 안에서의 구속과 어떤 관계가 있는지를 명백히 드러내야 한다. 여기서 하나님의 구원운동을 선포한다는 것은 은혜만 전하는 것은 아니다. 하나님의 공의와 심판에 대한 분명한 선포와 함께 은혜가 선포되어야 한다.

그리고 구속사적 설교의 특징에 대하여 소개하면

1) 역사적 본문의 범위 문제

구속사적 설교는 역사적 본문을 기초로 한다. 그러나 그 역사적인 본문들 가운데서 사람들의 전기를 소개하는 설교가 되어서는 곤란하다. 도리어 인간을 향하신 하나님의 구속적인 행위를 선포해야 하는 것이다.

2) 역사적 설교의 본문 선택

설교 본문을 선택할 때는 적어도 하나의 완전한 사건을 다루어야 한다. 다시 말하면 역사적 본문이 하나의 잘 짜여진 단위여야 한다. 이 본문을 여러 개의 다른 본문과 혼합해서는 안 된다. 물론 이 말은 병행구나 신약의 성취 내용조차 배제하는 것은 아니다.

3) 역사적 해석

예증설교는 역사적 본문을 오늘날과의 시간적 Gap을 무시한 채 오늘의 삶에 바로 적용함으로써 실존적 설교, 영해설교, 도덕적 설교를 만들어 버린다. 그러나 역사적 해석은 그 당시의 역사적 상황을 고려하여 저자의 의도를 파악하는 것이다.

4) 유기적 해석

설교자는 본문해석에 있어서 문맥을 중시하여야 한다. 어떤 본문이든지 간에 그것이 하나의 파편이 아니라 하나님의 계시의 큰 흐름 속에 있는 사건이라는 것을 깨달아 통일과 조화를 이루도록 해야 한다.

5) 본문적 주제설교

구속사적 설교는 그 형식에 있어서 본문적 주제설교라고 할 수 있는데 이것은 다른 말로 강해설교라고 한다. 그러나 모든 강해설교가 구속사적 설교방법을 쓰지 않으므로 강해설교라 해도 만일 구속의 통일성과 계시의 점진성을 알지 못한다면 바른 설교를 할 수가 없게 된다. 사실상 설교는 어떤 형식이 좌우한다기보다는 설교자가 그 성경 본문에 계시된 구속사적의 의미를 바로 파악하고 있는가에 초점을 두어야 하는 것이다.

6) 상황적 설교

구속사적 설교에 있어 그 진리를 어떻게 적용할 수 있을까 하는 의문이 생기는 것은 자연스럽다. 그러나 구속사적 설교자도 본문해석에 있어 설교자 자신과 그 성도들을 생각하면서 '그때 거기'와 '지금 여기'를 연결해야 한다. 그 원리는 이렇다. a〉삼위 하나님은 언제나 상황적이다 - 영원토록 살아계신 삼위 하나님을 전해야 한다. b〉하나님의 말씀은 상황적이다 - 지금도 살아 역사하시는 말씀이다. c〉하나님의 계시를 증거하는 설교 자체가 구속활동의 한 연장이라는 표현을 쓰기도 한다. 설교는 적용적 해석이므로 상황성을 지닌다. 그러나 설교자가 역사적 간격을 무시한 채 적용에만 끝없이 노력하면 예증설교와 같은 오류를 범하게 된다.

마지막으로 구속사적 설교의 착안 사항을 알아보자.

1) 성경은 언제라도 하나님의 자기계시라는 사실을 기억해야 할 것이다. 그러므로 성경역사를 통해서 하나님께서 어떻게 자기를 계시하셨는가를 먼저 찾고 또 하나님께서 무엇을 행하셨는가를 찾는 것이 선행되어야 할 것이다.

2) 중보자를 통한 하나님의 자기계시를 발견하는 일이다. 인간은 죄로 어두워졌고 중보자를 통한 은혜의 계시 외에는 다른 방도가 없었다. 이것이 신·구약의 계시의 내용이다. 이렇게 볼 때 우리가 에스더서를 설교하건 삭개오 이야기를 보건, 또 베다니 마리아 사건을 보건 간에 그 속에 계시된 그리스도를 발견하도록 노력해야 하는 것이다.

3) 하나님의 계시는 그의 백성과 맺은 언약 속에 나타났다. 예를 들어 요셉이나 다윗 개인을 향한 하나님의 뜻보다 이 인물을 통해서 그의 백성을 향한 하나님의 섭리적 뜻이 무엇인지를 문제 삼아야 한다.

설교는 단순히 교회 성장을 위한 방편이 되어서는 안 된다. 구속사적 설교 방법을 터득해야 하며 그러기 위해서 성경 전체의 구속사의 흐름을 제대로 알고 있어야 한다. 성경을 가지고 부분적으로는 예증적 설교를 할 수 있다. 그러나 하나님의 구속의 사실을 힘 있게 증거해야 한다. "오직 성경으로만(Sola Scriptura)"

오늘날 설교학에 대한 관심이 높아지고 최근에는 강해설교의 붐이 조성되고 있다. 설교의 형태는 본문설교, 주제설교, 강해설교 등이 있는데 이 중 강해설교가 가장 바람직하다고 본다. 그러나 강해설교는 신학의 입장에 따라 크게 달라질 수 있다. 그러므로 강해설교의 방법 중 구속사적 설교의 방법론을 제창하고자 한다.

하루의 첫 태양이 머무는 원미산 자락에서
구 금 섭

Contents

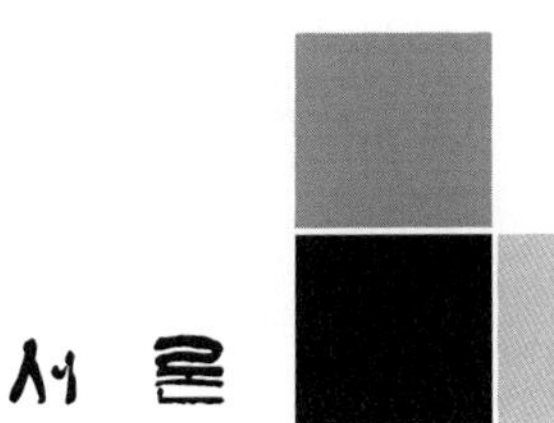

서론

1. 연구 동기와 목적

목회는 구원 사역이다. 죄에 빠진 인간들이 예수 그리스도를 믿고 구원에 이르도록 하는 수단이 목회라면, 구원에 이르도록 믿음을 세우는 사역은 설교다.

예수 그리스도의 천국 사역은 그의 설교로 시작되었고, 교회는 사도들의 설교와 함께 문을 열게 되었다. 예수님께서 베드로에게 목회를 위임할 때 부탁한 것은 양을 먹이는 것이었다. 양을 먹이는 것은 하나님의 구원사에 종사하는 사역으로 구속사적인 복음을 설교하는 일이다.

구원 사역은 설교라는 수단을 통하여 이루어진다. 화란의 설교학자 반 델 베흐트(VAN DER VEGT)는 "설교 없이는 구원도 없다"(ZONDER DE PREDIKING GEEN HEIL)고 했다.[1] 설교는 교회의 중심적 사명이다. 설교 없이는 목회를 할 수 없다. 설교는 목회의 생명이며, 교회를 교회되게 하는 사역이다. 교회가 교회다워지고 기독교가 기독교다워지려면 하나님의 말씀 선포가 올바로 이루어져야 한다.

---

1) 정성구, 「실천신학개론」(서울: 총신대학출판부, 1981), p.110.

설교사를 연구해 보면 복음이 확실하게 증거되던 시대에는 교회가 성장했다. 그러나 강단에서 설교의 능력을 잃었을 때는 교회의 성장이 멈추었다. 뿐만 아니라 교회가 병들었고 사회와 국가도 부패하였다.

미국의 설교학자 다간(Edwin C. Dargan)은 "교회사란 바로 설교의 역사"라고 말했다. 교회가 성장하고 참으로 교회다운 자기 모습을 나타내는 것은 하나님의 말씀이 정확하게 증거된 때라는 말이다. 설교의 흥망과 교회의 흥망성쇠가 항상 같이 한다는 사실은 매우 중요하다. 결국 교회사를 보면 하나님의 말씀이 그 의미대로 바르게 증거될 때는 교회가 힘 있는 교회요, 능력 있는 교회가 되었지만 교회가 쇠퇴할 때는 반드시 강단의 쇠퇴에서 왔다.

2천년 교회사는 말씀을 제쳐 놓을 때 교회는 생명력을 잃고 타락하였다. 초대 교회 사도들을 보자. 말씀(설교)을 제쳐 놓고 공궤(사업)를 일삼는 것을 마땅치 않게 여겼다(행6: 2). 사도들은 기도하는 일과 말씀 전하는 일을 가장 중요한 사역으로 여겼다.

교회를 어떻게 하면 성장시킬 수 있는가? 하나님의 말씀이 제대로 증거될 때 교회가 성장한다. 그 예로 사도행전 6장 7절 말씀을 보면 "하나님의 말씀이 점점 왕성하여 예루살렘에 있는 제자의 수가 더 심히 많아지고 허다한 제사장의 무리도 이 도에 복종하니라"고 하였다.

그러나 17세기 말에서 18세기, 19세기를 보면 설교자들이 계몽주의 사상과 야합했을 때 강단이 타락하여 교회가 형편없이 되었다. 바깥에서 뭐라고 해도 강단이 그리스도의 피 묻은 복음을 든든히 붙잡고 나가면 흔들리지 않는다.

교회는 설교와 함께 살고 설교와 함께 쇠하였다. 설교로써 기독교는 일어서기도 하고 무너지기도 한다. 왜냐하면 설교는 복음 선포이기 때문이다.[2] 교회는 강단의 설교 이상의 교회가 될 수 없는 것이다.

요한 칼빈(J. Calvin)을 위시한 개혁자들은 '오직 성경'(Sola Scriptura)

---

2) 이중표 편, 「교회발전을 위한 설교개발」(서울: 쿰란 출판사, 1993), p.229.

을 외쳤다. 이것은 강단의 개혁을 염두에 둔 것이다. 참된 개혁이란 하나님의 말씀을 올바르게 선포하고, 복음적인 삶에서 시작한다. 그러므로 기독교의 역사는 복음의 내용인 구속사적 설교의 역사이었던 것이다.

초대 교회는 로마의 무서운 핍박과 시련 속에서도 생명이 있었고 선교의 열정이 타올랐다. 교회는 날마다 부흥하였다. 그 힘은 사도들의 구속사적 복음 설교와 성령의 임재였다.

한국 교회 역시 순교자의 피위에서 싹이 나고 자라서 세계 역사상 유래없는 성장을 이루었다. 그러나 요즈음 한국 교회는 위기에 직면하고 있다. 교회 성장이라면 비복음적인 수단과 방법을 동원하고 실용주의가 복음으로 둔갑하여 여기까지 왔지만 심각한 병에 시달리고 있다. 더이상 성장이 되지 않고 둔화 내지 마이너스 성장이라는 것이다. 이유가 어디에 있을까? 그것은 바로 강단에 예수가 없는 것이다. 라이드(Clyde Reid)의 말대로 '텅빈 강단'이다.3) 이는 목회 신학의 공백 상태이며, 성경적 설교를 상실하였다. 그것의 핵심인 구속사적인 복음을 잃어버린 것이다(요5: 39).

종교개혁자들이 목숨을 걸고 강조했고 실천한 것이 무엇인가를 알아야 한다. 성령은 복음의 말씀과 함께 일하신다. 복음의 내용이 없으면 믿을 내용도 없다. 믿을 내용을 안 주면서 무엇을 믿으라고 하는가? 사랑방에 둘러앉아 나누는 시골 양반들의 방담이 어떻게 심령을 변화시킬 수 있겠는가? 정치, 경제, 사회, 문화 이야기나, 좋은 철학 이야기가 어떻게 상한 심령을 치료하는 생명수가 될 수 있겠는가? 칼 바르트는 한 손에는 성경을 다른 한 손에는 신문을 들라고 했다. 안된다면 신문은 들지 않아도 된다. 그러나 성경은 반드시 들고 있어야 한다. 다른 것들 때문에 예수가 빠지면 안 된다.

지금의 교인들은 너무도 많은 설교 속에 갇혀 있다. 일주일 동안 빠지지 않고 교회에 참석을 하고, 방송이나 신앙서적 등 수도 없는 설교를 귀로 듣고, 눈으로 읽는다. 그러나 그들의 생활에는 변화가 없다. 말씀에 대한 영적

---

3) C. 라이드, 「설교의 위기」 정장복 역(서울: 대한기독교출판사, 1982), p.3.

인 차원에 들어가지 못했기 때문에 교인들의 근본이 변하지 않는 것이다. 정치, 사회, 경제, 문화 등은 교인들도 잘 안다. 목사는 오로지 예수의 복음에 목숨을 걸어야 한다. 예수를 그들의 마음에 집어넣어야만 한다. 그들의 심령을 말씀의 검으로 쪼개야 한다.

존 스타트(J. Stott)는 "복음에 대한 확신을 먼저 회복하지 않고는 설교를 회복할 기회가 없다"4)고 말한다. 화란의 설교학자 훅스트라(Hoekstra)도 "그리스도 없는 설교는 이미 설교가 아니다"5)라고 하였다. 설교자는 그리스도를 설교해야 한다.

설교란 하나의 들려지는 소리로써 끝나지 않는다. 인간의 삶을 변화시키는 희망과 용기를 갖게 한다. 그리스도인이란 정체된 상태가 아니다. 삶 속에 믿음을 표현하는 동적 상태이다.

구속사적 설교는 바로 이것이다. 그리스도가 해 주신 일을 말해 주어야 한다. 이것이 복음이요, 믿을 내용이다. 그리고 그 내용을 믿으면 성령이 역사하신다. 하나님이 함께 하는 사람이 된다. 구속사적 설교는 율법 아래서 떨고 있는 죄인들에게 죄사함 선포가 주어진다. 뿐만 아니라 구원의 확신과 그로 인한 삶의 능력을 준다. 하나님의 능력은 십자가의 도를 통해서만 나타난다. 그러면 마음과 몸은 엄청난 변화를 경험한다. 변하는 사람들이 있을 때 그 가정이 달라진다. 변한 회중들이 많을 때 교회가 달라지고, 마침내 교회는 목사가 그렇게도 기다리던 성장이라는 한 차원 높은 결과를 안겨주는 법이다. 예수께서 말씀하셨다. "나는 포도나무요 너희는 가지니"6) 근본적으로 그와 믿는 자는 하나라는 말씀이다. "나를 믿는 자는 나의 하는 일을 저도 할 것이요 또한 이보다 큰 것도 하리라"7) 우리도 그리스도처럼 엄청난 일을 하고 그렇게 아름다운 삶을 산다는 것이다. 하나님의 능력이

---

4) 존 스타트, 「현대 교회와 설교」 정성구 역(서울: 풍만출판사, 1985), p.96.
5) 정성구, 「실천신학개론」, p.126.
6) 요한복음 15: 5.
7) 요한복음 14: 12.

사람의 심령을 변화시켜 새 사람으로 만들고 새로운 삶을 살도록 도와준다. 설교자가 변하면 청중도 변한다. 교인이 살면 교회가 산다. 교회가 살아야 사회도 국가도 산다. 그러므로 예수가 살아 있는 복음을 설교해야 한다. 믿을 내용이 서 있는 구속사적 설교를 해야 한다.

현대의 종교는 턴불(R. G. Turnbull)의 말처럼 과거 어느 때보다 널리 그리고 강력하게 퍼져 있으나 그 내용은 갈수록 피상적으로 되어가고 있다.[8] 마찬가지로 설교도 본래 자리한 복음에서 벗어나 점차 윤리적이고 심리적인 곳으로 흘러가고 있다.

오늘 이 시대가 안고 있는 온갖 사회악들 곧 각종 범죄, 부도덕, 알코올 중독, 성폭력, 부부의 갈등 및 이혼, 각종 테러와 분규 등은 설교를 교훈적이고, 심리적인 문제 해결의 장으로 불러들인다. 그러나 결과는 실망뿐이다. 설교의 핵심인 구속사적 복음이 빠져 있기 때문이다.

유명한 양식사학자요, 양식사학파의 대표격인 다드(C. H. Dodd)에 의하면 현대 설교의 위기는 설교가 복음으로부터 멀리 떨어져 있다고 말한다. "만일 원시 그리스도교의 교인들이 오늘날 교회에서 선포되는 설교를 듣는다면 그것은 복음이 아니라고 말할지 모른다. 왜냐하면 현대 교회에서 선포되는 설교는 교훈이 아니면 권면이고 도덕적인 설교에 불과하기 때문이다"[9]

다드의 지적은 한국의 설교 상황에도 적용된다. 한국 교회는 복음의 내용인 구속사적 설교에서 이탈하여 교훈적, 심리적, 도덕적 설교가 주류를 이루고 있다. 이웅일에 의하면 한국 기독교 선교 100주년 기념 대 설교집에 나타난 설교들은 교리적 설교, 도덕적 설교, 체험적 설교순으로 나타나 있다는 것이다.[10] 이 설교들은 예수가 없다. 예수의 이름은 잠시 스쳐지나갈 뿐 복음의 내용이 없다.

---

8) 이중표, 「교회 성장과 케리그마설교」(서울: 쿰란출판사, 1988), p.22.
9) C. H. 다드, 「설교의 원형과 그 발전」 채위 역(서울: 신생사, 1965), p.5.
10) 이웅일, "한국 교회 설교에 대한 현상학적 연구", (신학석사학위논문, 서울신학대학교대학원, 1976), p.92.

18세기 요한 웨슬레의 설교는 흑암의 권세와 죄악의 깊은 수렁 속에 빠져 있던 영국을 건져 내었다. 우리나라는 기독교인이 25%를 넘어서고 있다. 그러나 사회 부조리와 악은 교회 성장을 능가하도록 팽창하고 있다. 이는 설교는 있으나 말씀이 없는 시대임을 알려주는 것이다. 설교라고 다 말씀이 아니다. 이제 한국 교회는 말씀을 찾아야 한다. 말씀 위에 바로 서야 한다. 이것이 한국 교회의 신학적인 최대의 과제이다.

성경은 예수 그리스도를 증거하는 말씀이다(요5: 39). 예수 그리스도는 말씀이 육신이 되어 우리 가운데 거하신다(요1: 14). 그러므로 그리스도가 없는 설교는 말씀이 아니다. 예수 그리스도는 초대 교회 사도들의 말씀 내용이었고 강단의 권위였다. 사도들의 구속사적 설교가 선포될 때 중생의 체험을 통해 사람들이 변했고, 사회의 변혁이 뒤따랐다. 구속사적 설교는 믿어야 할 내용이요 복음이다. 구속사적 설교만이 교회를 교회되게 하는 목회이며, 교회가 사는 길임을 기독교 역사는 말하고 있다.

설교가 청중들의 기분과 눈에 보이는 성장만을 기대하여 윤리적, 도덕적이고 심리적, 감흥적인 설교로 흘러 버린다면 큰 문제이다. "오늘의 설교 이대로 좋은가?" 오늘의 강단 사역에 있어서 예수 없는 설교, 복음의 내용이 빠진 설교는 한국 교회가 맞이한 설교 위기의 결정적인 원인일 것이다. 그러므로 강단의 회복 없이 한국 교회의 진정한 성장을 기대하기란 어렵다. 목회 신학(Theologia Poemenia)의 수립이 선행되어야 하고 성경적인 설교 부흥이 일어나야 한다. 정성구도 설교 위기를 말한다. 신학의 통제를 벗어난 목회, 신학이 전혀 없는 제멋대로의 설교가 한국 강단에 행해지고 있다고 한다.11) 지금까지 신학이란 학문과 목회 현장이 서로 무관하게 연구되어 왔다. 이제는 목회 신학과 설교의 만남을 통한 새로운 방향이 설정되어야 한다. 설교 사역은 목회와 신학에서 가장 중요한 위치를 차지한다.

성경적인 설교란 어떤 것인가? 구속사적 설교이다. 예수 그리스도를 선포

---

11) 정성구, 「개혁주의 설교학」(서울: 총신대학출판부, 1991), p.54.

하는 설교이다. 믿어야 될 복음 내용이 있는 설교이다. 하나님께서 예수 그리스도 안에서 하신 일을 설득력 있게 전하는 것이다. 그래서 목회가 그렇듯이 강단 사역 역시 성경적, 복음적이 되어야 한다. 구원에 이르도록 믿음을 세우는 것을 목표로 삼아야 한다.

이 논문의 목적은 목회 신학이 무엇인가를 칼빈의 기독교 강요를 통하여 정립하는 것으로 신학의 기초를 세우고 설교의 문제의식을 갖고 출발하였다. 이유는 오늘의 한국 교회 강단 사역에 있어서 기독교의 보화인 구속사적 복음이 결여되어 있다고 보기 때문이다. 또한 성경의 일관된 사상인 구속사적 설교신학을 제창함으로 성경적인 설교 부흥이 일어나기를 갈망하기 때문이다. 올바른 설교의 중요성과 바람직한 교회 성장을 원하는 동역자들에게 구속사적 설교의 신학 및 방법을 제언하므로 목회 사역에 있어서 말씀 사역의 갱신을 추구하고자 한다.

2. 연구 범위와 방법

설교의 이유와 목적은 성경이 말하고자 하는 것과 동일하다. 성경이 믿음을 세우는 것을 목적으로 주어진 것과 같이 설교도 그 목적을 믿음을 세우는 데 두고 있다. 오늘의 신학자나 설교자의 문제는 학문적, 논리적, 수사학적 문제가 아니라 믿음 없음이 문제이다. 성경은 그리스도를 증거한다. 따라서 설교도 그리스도를 증거해야 한다. 그래서 믿음을 세우는 데 설교의 이유와 목적이 있다는 것이다.

이와 같은 관점을 전제로 본 논문은 다음과 같이 전개될 것이다. 서론에 이어 1장에서 목회가 무엇인가를 칼빈의 기독교 강요를 통하여 정립하는 것으로 신학의 기초를 세우고 목회와 구속사적 설교의 상관관계를 살펴볼 것이다. 목회는 신앙을 위한 사역에 초점이 있다. 구원에 이르는 믿음을 세우도록 하나님은 목회자와 설교자를 세운 것이다.

2장에서는 화란이라는 특정한 영역을 중심으로 전개하는 제한성을 가지지만 구속사적 설교가 어떻게 대두되었는지 그 역사적 배경을 살펴보면서 복음의 내용인 구속사적 설교의 역사적 필연성을 말하고자 한다.

3장에서는 성경의 일관된 구속사의 흐름을 파악한다. 성경은 창조주 하나님께서 예수 그리스도 안에서 인간을 구속하시기 위하여 역사를 주관하시고 섭리하시는 구원의 역사이다. 하나님께서 죄인을 구원하시기 위하여 하신 일을 구속사적 설교의 원리로 삼는다. 그래서 제4장은 구속사적 설교 원리에 따라서 성경의 역사적 본문을 설교함에 있어서 구체적인 방법과 원칙은 무엇인가를 생각하고자 한다.

5장은 지금까지 살펴본 구속사적 설교와 한국 교회의 설교의 현장을 비교함으로써 어떤 차이가 있고, 문제점은 무엇인지 갈파하고 구속사적 설교의 필요성을 제시하고자 한다.

6장에서는 성경적인 설교인 구속사적 설교의 원리와 방법을 적용하여 설문지에 반영된 부천제일교회 성도들의 반응을 분석하여 필자의 설교를 평가하고 계획 목회에 따른 설교 계획을 세워, 강단이 그리스도로 살찌우고 회중들의 심령에 믿음을 세우고 구원의 열매, 복음적인 삶을 살도록 할 뿐 아니라 교회 성장을 기대하며, 결론은 요약 및 약간의 제언으로 내릴 것이다.

한국 교회에서는 아직 구속사적 설교란 용어가 생소하다. 원리도 방법도 그렇다. 뿐만 아니라 자료의 빈곤을 느낀다. 다만 칼빈의 기독교 강요로 목회 신학의 기초를 정립하고 미국의 웨스트민스터 신학교 교장이었으며 실천신학 교수였던 클라우니(Edmund P. Clowney) 박사가 그의 목회경험과 성경신학적인 접근 방법을 통한 명저 「설교와 신학」과 시드니 크레이다누스의 「오직 성경(Sola Scriptura)」, 김기홍 박사의 「목사님의 설교를 들으면 신바람이 나요」등을 참고하여 연구를 진행할 것이다.

제1장 구원 사역으로서의 목회

제1장 구원 사역으로서의 목회

목회는 구원 사역에 속한다. 목회에 의하여 구원 사역이 이루어진다고 말할 수 있다. 좀더 구체적으로 말하면 죄에 빠진 인간들이 예수 그리스도를 믿고 구원에 이르게 하는 데 필요한 믿음을 세우는 사역이 목회이며, 설교자의 사역 목적이다. 그런데 이 사역은 하나님께서 택하여 세우신 사람들에 의하여 이루어지기는 하나, 그 역사는 전적으로 하나님이 이루어 놓으셨고, 계속하여 이루어 가시는 그의 사역에 의존하게 된다. 모든 사역의 우선권이 하나님께 있다.

하나님께서는 이런 자신의 우선 사업을 근거한 목회를 이루어 감에 있어서 보이지 않는 영적인 은혜를 보이는 인간들에게 적용시키기 위하여 외적인 은혜의 수단을 예비하셨고, 이 수단의 대리자로 목회자와 설교자를 세우신 것이다.

그러므로 목회자는 상기된 목회의 의미를 바르게 깨닫고 주어진 현장에서 바른 목회를 이끌어 갈 수 있어야 한다. 본 장에서는 이상과 같은 목회의 신학적 근거를 정리하고 그러한 의미에서 목회자로서 말씀 사역의 내용이 무엇보다도 중요한 것임을 재천명하려고 한다.

1. 목회 사역의 목적

　오늘날 목사들이 직면한 문제 중에 가장 큰 것은 목회의 목적 문제이다. 목사들은 그들의 사역의 목적에 대해서 확실한 이해를 갖고 있지 않는 것 같다. 그러나 그들은 자신들의 사역의 목적을 명확하고 분명하게 이해하지 않고서는 확신을 가지고 힘차게 자신들의 사역에 임할 수 없다. 목사는 남녀노소 및 다양한 직업을 가진 사람들로 구성된 회중을 대상으로 다양한 요구를 충족시키려고 힘쓰는 일과 다양한 형태의 돌보는(Care) 일에 매우 분주할 것이다. 하지만 목사의 제일차적인 의무는 여러 공예배에서 할 설교를 준비하는 일이다. 목사는 다양하고 위험한 상황에 직면한 교인들을 방문하여 그들을 영적으로 격려하고 상담할 것이다.

　이를테면 성경공부, 선교활동, 봉사의 기회 등이다. 한마디로 목사의 생활은 "분주한 삶"으로 특징지어진다. 그러나 목사의 사역의 목적에 대한 분명한 이해를 얻기는 그리 쉽지 않다. 이러한 명확성의 결핍과는 대조적으로, 사도 바울은 항상 그가 하고 있는 일의 목적을 명확하게 파악하였다. 예를 들면, 갈라디아 교인들에게 편지하기를 "나의 자녀들아 너희 속에 그리스도의 형상이 이루기까지 다시 너희를 위하여 해산의 수고를 하노니"(갈 4: 19)라고 하였다. 바울은 갈라디아 교인에 대한 그의 사역의 분명한 목표를 가지고 있었다. 그것은 곧 그들이 그리스도의 형상을 이루는 것이다. 요컨대, 바울은 하나님의 자녀가 되도록 하기 위하여 수고하였다. 이러한 바울의 사역의 구원론적 목적은 더욱 자세하게 설명된다. "하나님이 미리 아신 자들로 또한 그 아들의 형상을 본받게 하기 위하여 미리 정하셨으니 이는 그로 많은 형제 중에서 맏아들이 되게 하려 하심이니라. 또 미리 정하신 그들을 또한 부르시고 부르신 그들을 또한 의롭다 하시고, 의롭다 하신 그들을 또한 영화롭게 하셨느니라"(롬8: 29-30) 하나님께서는 이 구원론적 사역을 위하여 사람들을 택하여 사용하시기를 기뻐하신다. 이러한 것들에 대한 많은 구체적 사례들이 구약성경에 기록되어 있다. 특히 사사기에서 빈번히 발견된다. "여호와의 신이 강림하시어 그의 백성을 다스릴 자를 사로잡으시었다"(삿6: 34)는 말씀이 그것이다.[1] 하나님께서는 통상적 자연질서를 성령의 능력으로 유지하시고 양육하신다. 특히 성령의 역사로서 비범한 사역을 야기하여 하나님의 세상 역사 경륜을 진행시키신다. 목회 사역은 이와 같은 하나님의 경륜 중에서 하나님의 구원사 경륜에 수종드는 사역에 속한다. 하나님께서 일반역사 경륜 즉 지상의 것들에 있어서도 특별한 그릇들을 고르시어 특별은총을 부여하시므로[2] 그의 목적을 수행케 하신 것처럼, 하늘나라에 속하는 역사 경륜을 위해서도 하나님께서는 특별한 사람들을 부르시고 택하시어 특별은사를 부여하시어서 그의 구원경륜을 수행하여 나아가신다.[3]

하나님께서 주관하시는 역사 경륜에 대하여 칼빈은 다음과 같이 설명했다. "인간의 지성이 그것의 능력의 정도에 따라 어떤 문제에서 어느 정도까지 나아갈 수 있는지를 보다 확실하게 알기 위하여 우리는 여기서 구별을 지어야 한다. 땅에 있는 것들에 관한 인식이 있는 반면 또한 하늘의 것들에 관한 것이다. 땅에 있는 사물들(Earthly Things)이라고 할 때, 그것은 하나님과 그의 나라에 속하지 않는 것이며 참된 공의와 내세의 복락에 대한 것이 아니고 현세에 관련된 관계나 의미 있는 것, 즉 현세의 한계 내에 제한되는 것들이라고 나는 말한다. 하늘의 것들(Heavenly Things)이라고 할 때 하나님에 관한 순결한 지식, 참된 의의 성질, 그리고 하늘나라의 비밀들을 말한다.

첫째 부류의 것은 정치, 경제, 모든 기술 그리고 문예 등을 포함한다. 둘

---

1) John Calvin, <u>Institutes of Christion Religion</u>, ed. John Mcneil (Philadelphia: The Westminster Press, 1967), II. 2. 7. Hereafter "Inst."
2) Ibid.
3) 한철하, "목회자의 거룩", 「에벤에셀」 하용조, 김신국 편. 제8호(1986), p.37.

째 부류에는 하나님과 그의 뜻에 관한 지식, 그리고 우리가 우리의 삶의 표준으로 삼는 규범들이 있다"4)

목회 사역이란 이상에서 소개된 하나님께서 부여하신 두 가지 사역 중에 분명 하늘의 것들에 관련된 것임을 알 수 있다. 이렇게 생각할 때 목회 사역은 하나님중심(God-Centric)으로 이해되어야 하며 그의 나라의 전 경륜에 따라 이해되어야 한다. 칼빈은 인간의 자연적 은사와 초자연적 은사를 엄격하게 구별하였다. 그는 어거스틴의 견해를 수용한다. 인간의 자연 은사는 죄로 인해 부패되었으나 초자연적 은사는 박탈당하였다.5)

인간이 자연 은사를 완전히 박탈당하지는 않았기 때문에 '약간의 광채'를 지니고 있다. 바로 이것이 짐승과 구별되는 점이다. 특히, 땅의 것들과 인간 사회의 관심사에 관하여 인간의 자연적 은사는 여전히 작용하여 상당한 능력을 나타내는 것이 사실이나 하늘의 것들에 대하여는 전혀 무능력이다. 그러므로 하나님을 아는 것, 우리를 위하여 베풀어 주시는 아버지의 은혜를 아는 것(이 은혜에 우리의 구원이 존재함)과 어떻게 그의 율법의 법칙에 따라서 우리의 삶을 구성할까를 아는 것,6) 즉 하나님의 창조와 인간의 타락과 구원의 경륜을 신앙이라는 눈을 통하여 보고 깨달을 수 있도록 믿음을 일으키는 사역이 목회와 설교 사역의 목적이다.

2. 목회 사역의 초점

목회 사역은 하나님의 지상 경륜의 사역과 연관된 것이 아니라 하늘의 것

---

4) Inst., Ⅱ. 2. 13.
5) Ibid., Ⅱ. 2. 12.
6) Ibid., Ⅱ. 2. 18.

들에 관한 것이요, 지상 사역적 관점의 눈으로 볼 수 없다. 귀로도 들을 수 없고 사람의 마음으로도 생각할 수 없다. 목회 사역의 목적은 인간 구원 사역에 있다. 구원에 이르게 하는 믿음에 목회 사역의 초점을 두어야 한다.

칼빈은 목회 사역의 초점을 "우리 안에 신앙을 낳고 그 신앙을 증대시켜 그 목표에까지 도달하도록 전진시키는 일"[7]이라고 말했다. 이는 목회자가 목회 사역에서 중요한 일이 교인들의 신앙을 돌보는 것이란 것이다. 구원에 있어서 가장 중요한 것은 신앙이기 때문이다.

칼빈은 기독교 강요 3권에서 그리스도가 우리의 것이 되고 우리가 그리스도께서 마련하신 구원과 영원한 복락에 참여하는 자가 되는 것은 복음을 믿음으로라고 말한다.

하나님께서 그리스도 안에서 이루어 놓으신 구원과 영원한 복락에 참여하는 것은 신앙으로 말미암아 오는 유익이다. 구원사에 있어서 믿음은 모든 것의 관건이 되는 것이다. 목회 사역은 믿음을 위한 사역으로 집중되어야 한다. 또한 우리를 대속하사 구원하시는 예수 그리스도를 전파하여 믿음을 일으키는 데에 초점을 두어야 한다. 믿음으로만이 하나님의 창조 역사를 볼 수 있다. 믿음이 있어야 자신이 타락한 죄인임을 깨닫는다. 믿음이 일어나야 하나님 사랑을 알게 된다. 독생자 예수 그리스도로 하여금 대속의 죽음을 죽게 하시고 죄를 사하신 하나님의 의를 깨닫는다. 이 복음을 위하여 목회자와 설교자들을 세우시고 각 사람 심령에 믿음을 불러일으켜 믿는 자에게 회개와 칭의의 은혜를 체험케 하신다. 믿음으로 영원한 영광의 그의 나라가 성취하실 것을 알게 된다.[8]

목회 사역은 구원의 역사를 이루는 믿음을 일으키고 믿음을 견고케 하는 데 초점이 있다. 여기서 설교 사역의 중요성과 초점을 알 수 있다. 설교 사역은 목회와 신학에서 중요한 위치를 차지한다. 설교는 사람에게 주신 최고의 특권이다. 하나님의 도구(Instrument)가 된다는 것 이상 영광스럽고,

---

7) Ibid., Ⅳ. 1. 1.
8) 한철하, p.39.

놀랍고, 감사한 일은 없다. 우리의 설교를 통해서 하나님께서 '엄청난 구원'의 역사를 행하신다는 것은 참으로 놀랍고 놀라운 것이다. 구속사적인 복음을 전파하므로 믿음을 세우고, 멸망할 인생을 영생의 길로 구원하는 것이기 때문이다.

하나님께서 그의 성령의 능력으로 행하시는 일을 우리에게 의탁하셨다. 그러기 때문에 우리가 아니고는 우리의 교인들이 구원을 못 받는다. 말하자면 그들은 영원히 멸망한다. "하나님께서 세상을 이처럼 사랑하사 독생자를 주셨으니 이는 누구든지 저를 믿는 자는 멸망치 않고 영생을 얻으리라" 말씀하셨지만 그 말씀이 우리의 사역 없이는 공수표가 된다. 이와 같이 생각할 때 우리의 사역의 심각성을 과소평가할 수 없다.

3. 구원의 수단으로서의 믿음

구원의 역사를 이루는 절대적인 관건은 믿음이다. 믿음으로 하나님께서 창조주이시며 구속자가 되심을 깨닫게 된다. 믿음으로만 성경이 살아 계시는 하나님의 말씀임을 받아들일 수 있다. 믿음으로만 죄인 된 우리가 그리스도와 연합하여 의롭게 된다. 하나님께서 그리스도 안에서 우리를 위하여 이루어 놓으신 모든 것이 믿음 안에서 유익(fructus)하게 된다. 칼빈은 기독교 강요 제3권 2장 신앙론에서 믿음에 대하여 이렇게 정의하고 있다.

믿음이란 우리에 대한 하나님의 선하심을 굳게 또 확실하게 아는 지식이며, 이 지식은 그리스도 안에서 값없이 주신 약속의 신실성을 근거로 삼은 것이며, 성령을 통해서 우리의 지성에 계시되며 우리의 마음에 인친 바가 된다.[9]

이상과 같이 믿음이 우리 안에서 복음과 함께 역사할 때 놀라운 구원의 역사가 일어나게 된다. 복음을 믿는다는 것은 무엇을 말하는가? 예수 그리스도 안에서 베푸시는 하나님의 구원하시는 능력을 실지로 우리 안에 역사하시게 된다는 것을 말한다. 예수 그리스도로 말미암는 하나님의 은혜를 받는 것이다.

칼빈은 복음을 요약하여 '회개와 죄사함'으로 보고 있다. 왜냐하면 영원히 죄 값으로 죽을 수밖에 없는 죄인들이 회개함으로 죄의 문제를 해결하여 죄사함을 얻게 되는 것이 구원이요. 그 길이 복음에 나타나 있기 때문이다. 그러나 회개도 역시 믿음과 관계가 있다.

마틴 루터는 마가복음 1장 15절에 "가라사대 때가 찼고 하나님 나라가 가까웠으니 회개하고 복음을 믿으라 하시더라"고 하신 예수님의 말씀에 근거하여 회개는 믿음보다 앞서고 회개가 있어야 믿음이 오는 것이라고 주장한다.[10] 그러나 칼빈은 "회개는 언제나 믿음에 따라서 올 뿐 아니라 믿음으로부터 나온다는 사실은 의론에 여지가 없다"[11]고 주장한다. 회개도 믿음의 역사라는 것이다.

뻘코프는 그의 조직신학 5권 「구원론」에서 회개의 성경적 견해를 "회개는 믿음과 관련 없이는 존재하지 않는다. 믿음이 있는 곳에는 어디든지 회개도 있다"[12]고 하였다. 믿음 없이는 회개를 기대할 수 없다는 것이다. 그는 회개에 대하여 지성적, 감성적, 의지적 요소가 있다고 한다. 지성적 요소는 인식하는 것을 말하며 죄에 관한 지식을 말한다. 감성적 요소는 저지른 죄에 대하여 슬퍼하는 것으로 하나님의 뜻대로 하는 근심을 의미한다. 그리고 의지적 요소는 목적의 변화와 죄에서부터 내적으로 돌이키는 것과 사죄와 정결을 추구하려는 성향을 뜻한다.[13]

---

9) Inst., Ⅲ. 2. 7.
10) 루이스 뻘코프, 「조직신학」 제5권 「구원론」, 고영민 역(서울: 기독교문사, 1981), p.155.
11) Inst., Ⅲ. 3. 1.
12) 루이스 뻘코프, p.155.

칼빈은 회개를 죄악된 육신과 옛사람이 죽고 성령에 의하여 새로 살게 되는 중생이 있음을 설명한다. "회개는 우리의 생활을 하나님께로 전향하는 일이며, 그를 순수하게 진지하게 두려워하기 때문에 생기는 전향이다. 그리고 그 회개의 요소는 옛사람과 육을 죽이는 것과 성령에 의한 삶으로써 성립된다"14)

그러나 회개를 통한 죄사함이 죄인들 자신의 가책이나 눈물로써 애통하므로 씻어지는 것이 아니라 우리의 죄를 위하여 십자가에서 대속의 역사를 이루신 주님의 자비를 향하여 눈을 들 때 이루어지는 것이다.15)

이미 이루어 놓으신 그리스도의 속죄의 은총을 통하여 믿음 가운데서 죄사함이 이루어질 때 구속이 이루어지는 것이다.16) 죄사함받은 성도가 구원을 완성하기 위하여 성화를 이루어 가야 하는데, 칼빈은 성화를 '계속적 회개'17)로 본다. 하나님은 성도들이 성화에 이르게 하기 위하여 평생 동안 '회개의 경주장'(Statium Poeniteutiae)에서 달리게 하신다.

예수 그리스도를 믿음으로만 구원에 이르게 되고 믿음이 없이는 예수 그리스도의 구속의 역사가 효력이 없다. 우리를 그리스도에게로 인도하여 그리스도가 이루어 놓으신 의를 우리의 의로 되게 하여 천국 기업을 받게 될 소망을 가지게 하는 일이 믿음이라는 도구를 통해서 이루어진다. 믿음은 그 자체가 목적이 될 수 없다. 믿음은 구원을 이루는 수단이다. 믿음이 최후의 목표일 수는 없다. 그러나 회개도 죄사함도 모두 믿음으로 오는 것이다. 구속의 역사는 믿음의 시중을 받아야 이루어진다. 믿음은 구원의 역사와 그 경륜을 이루기 위하여 하나님의 예비하신 특별은사이다.

그렇다면 목회란 어떤 것인지 분명해진다. 죄에 빠져 멸망으로 가는 인간들에게 복음의 말씀을 믿는 믿음을 그 속에 불러일으키는 일뿐이다. 예수

---

13) Ibid., p.154.
14) Inst., Ⅲ. 3. 5.
15) Ibid., Ⅲ. 4. 3.
16) Ibid., Ⅲ. 4. 30.
17) 한철하, p.32.

그리스도의 은혜의 말씀에 대한 신앙의 순종의 도를 가르쳐 믿게 하는 일이
다. 믿음이 일어나서 회개와 죄사함이 이루어지는 일이 하나님의 권능에 속
한다면 우리의 목회 사역도 그와 같은 일이 나타나도록 해야 할 것이다. 그
렇기 때문에 사도 바울은 자기의 '일꾼 됨'을 말할 때 언제나 "하나님의 능
력이 역사하시는 대로"(엡3: 7), "긍휼하심을 입은 대로"(고후4: 1)라고 말
함으로 자기의 사역이 오로지 그 사역을 시키는 자에게 전적으로 의존되어
있음을 분명히 하고 있다. 만일 우리의 근원이 연약한 인간의 역사에 달려
있다면 우리가 어떻게 절망하지 않을 수 있겠는가! 그러기에 사도 바울은
우리가 누구를 의지해야 할지를 바로 알려주고 있다. "나의 의뢰한 자를 내
가 알고 또한 나의 의탁한 것을 그날까지 저가 능히 지키실 줄을 확신함이
라!"(딤후1: 12)

우리의 목회 사역이 신본주의적 전제에 서 있다는 것이 분명하게 된다.
뿐만 아니라 우리의 목회 사역은 하나님의 구원능력의 역사를 수종드는 것
이다. 복음을 믿는다는 것은 무엇을 의미하는가? 그것은 예수 그리스도 안
에서 베푸시는 하나님의 구원하시는 능력이 우리 안에 역사하시게 된다는
것이다.

예수 그리스도로 말미암아 하나님의 은혜를 우리가 받는 것이다. 이것을
칼빈은 "그리스도가 우리의 것이 되고 우리가 그의 마련하신 구원과 영원한
복락에 참여자가 된다"(Christ becomes ours and We are made
partakers of the Salvation and eternal blessedness brought
by him)고 표현한다.[18]

은혜의 역사의 결과(effectus)는 회개가 일어나서 중생을 얻는 일이요,
죄사함을 받고 거룩한 백성으로 성별하시어 영원한 하늘에 합당한 영광을
입히시는 일이다(롬8: 29-30).

이와 같은 구원 사역이 신자에게 열매 맺기 위해서는 신자들 편에서는

---

18) Inst., Ⅳ. 1.

우리가 설교하는 복음에 대한 믿음이 일어나야 한다. 그러므로 목사가 해야 할 중요한 역할은 신자에게 믿음이 생기도록 구속사적 복음을 설교해야 한다. 우리의 복음 사역이 인간의 구원에 관계되어 있다. 우리가 전하는 복음이 모든 신자에게 구원을 주시는 하나님의 능력이 된다는 것은 우리의 사역에 대한 이 이상의 영광스러운 정의가 없다.

4. 믿음을 세우는 구속사적 설교

믿음이 없이는 구원과 무관하다. 믿음이 있어야 한다. 왜냐하면 믿음의 역사가 우리 속에서 구원을 이루는 것이다. 요한복음 3장 16절에 "하나님이 세상을 이처럼 사랑하사 독생자를 주셨으니 이는 저를 믿는 자마다 멸망치 않고 영생을 얻게 하려 하심이니라" 하였다. 믿어야 영생에 이르게 된다.

칼빈은 "그리스도가 우리의 것이 되고 그가 가져오신 구원과 영원한 복락에 참예하는 것은 믿음으로 말미암는다"[19]고 말했다. 믿음이 없이는 어느 누구도 하나님께서 예비하시고 그리스도께서 이루어 놓으신 은총과 무관하게 된다.

그러면 그 믿음은 어떻게 세워지는가? 믿음은 구속사적인 복음을 들음으로써 난다.[20] 복음의 내용인 구속사적 설교 없이는 믿음 또한 없는 것이다.[21] 하나님의 말씀은 대부분이 인간의 입을 통해 선포된 설교였다. 칼빈

---

19) Ibid., Ⅳ. 1. 1.
20) 롬 10: 17.
21) 설교를 통해 사람을 변화시키지 못했을 경우 다른 방법으로 가능하리라 생각하는 것은 어리석은 것이다. 믿음 역시 설교에서 얻지 못하면 다른 방법으로 기대할 수 없는 것이기 때문이다.

은 "하나님께서는 인간의 입과 혀가 주께 드려져서 사람의 입 안에서 하나님의 목소리가 공명될 수 있도록 설계하셨다"[22]고 하였다. 이에 대하여 제임스 데인은 다음과 같이 말하였다.

> 말씀은 소생시키는 힘이 있고 운동력이 있고, 창조적이며, 사람들을 구원하며, 죄를 사하며, 사망을 이기고, 고쳐주며, 생명을 불어넣어 준다. 교회가 선포하는 말씀이 바로 이 말씀인 것이다. 이 말씀이 강단에서 전파되어야 하며, 하나님께서는 바로 이 말씀을 선포하기 위하여 사역자를 부르신 것이다.[23]

믿음을 일으키는 수단으로 하나님은 목회자와 설교자를 세우셨다. 서론에서 언급한 바와 같이 반 델 베흐트(VAN DER VEGT)는 "설교 없이는 구원도 없다"(ZONDER DE PREDIKING GEEN HEIL)고 말했다.

설교는 하나님이 인간을 구원함에 있어서 가장 중요한 수단으로 사용한다고 할 수 있다. 설교자는 믿음을 주어야 한다. 하나님의 복음이 담긴 성경적인 설교로 믿음을 일으켜야 한다. 성경적인 설교란 구속사적 설교다. 성경은 그리스도를 가리킨다. 성경에 통일성을 가진 일관된 구조인 그리스도는 한마디로 복음이다. 더 구체적으로 말하면 복음은 하나님이 그리스도 안에서 우리에게 무엇을 해 주셨는지를 아는 것이다. 성경은 그것을 말하고 있다. 이것을 선포하는 것이 구속사적 설교요, 성경적인 설교이다. 이 복음이 들려질 때 믿음이 세워지는 것이다.

하나님은 그 아들 예수 그리스도를 주셨다. 따라서 예수의 화육과 십자가의 죽음과 부활, 승천과 재림은 결정적인 복음이다. 바울은 그리스도 외에는 아무것도 알만 한 가치가 없다고 단언하였다.[24] 바로 이 예수 그리스도를 선포하는 것이 구속사적 설교인 것이다.

그리스도 안에서 우리를 구원하신 하나님의 계획을 설명하는 것이 구속사

---

22) 제임스 데인, 「능력 있는 설교」 이태웅. 송현복 역(서울: 두란노서원, 1986), p.29.
23) Ibid., p.49.
24) 고전 2: 2; Inst., Ⅲ. 2. 1.

적 복음 선포이다. 구속사적 설교 원리는 예수 그리스도이다. 그러므로 말씀을 선포하는 자는 반드시 그리스도를 선포해야 한다. 그렇지 않으면 아무리 눈물나고 재미있고 감동적이어도 설교가 아니다. 설교는 하나님의 말씀에 관한 인간의 생각이나 사상이 아니라 인간을 향한 하나님의 행위이며 그의 말씀이기 때문이다.

그런데 실제로 많은 설교자들은 이 원리를 망각하고 있는 것 같다. 어떤 이는 결론부분에 가서 겨우 그리스도를 말하거나 본문 자체가 그리스도의 사역을 언급치 않는다고 해서 처음부터 그리스도를 증거하는 것을 부담스럽게 여긴다. 그러나 설교에 구속사적인 접근 방법이 그 어려움을 해결해 준다.

성경의 일관성 있는 구조는 구속사의 구조(The Structure of Redemptive History)이기 때문이다. 그래서 그리스도의 증거를 계시의 점진적 과정으로 설명한다. 따라서 성경신학 역시 구속사의 일관성과 구속사의 시대적인 구조인 계시의 점진성을 동시에 인정한다.

설교에서 그 시대마다 하나님의 간섭을 보지 못하면 구속사의 과정을 보지 못할 것이며 구속사의 중심이 그리스도라는 사실도 보지 못할 것이다. 그러므로 설교자는 구속과 계시에 대한 하나님의 전체 사역의 관계를 이해해야 한다. 뿐만 아니라 성경신학적인 방법인 연구를 통하여 모든 시대를 그리스도에게 집중되어 있는 관점에서 보아야 한다.

그렇다고 해서 구속사적 설교가 윤리적인 면과 상충되는 것이 아니며 구속사적 설교가 개인적인 신앙 경험을 배제해 버리지 않는다.25) 설교에 있어서 구속사적 접근은 필연적으로 윤리적인 적용을 산출한다. 따라서 구속사적인 것과 실제적인 것이 결코 대립되지 않는다. 구속사적 설교 방법은 본문의 의미를 밝혀주고 본문의 중심 메시지를 강조하고 건전하게 적용시키는 것이다.

성경신학적인 구속사적 설교는 개혁주의 입장에서 가장 중심적인 주제이다.

---

25) Edmund P. Clowney, <u>Preaching and Biblical Theology</u> (Phllisburg: Presbyterian & Reformed Publishing Co., 1979), pp.20-62.

오직 하나님의 말씀만으로(Scriptura Sola), 하나님의 말씀 전부(Scriptura Tota)를 전한다.

설교에 있어서 그리스도가 증거되지 않는 것은 성경전부로서의 말씀이 아니다. 성경전부의 설교는 역사적 본문에 대한 구속사적 설교이다. 하나님이 인간 구원을 위하여 예수 그리스도 안에서 하신 일을 증거하는 것이 구속사적 설교이기 때문이다. 성경을 역사적 본문으로 보는 구속사적 설교는 성경을 하나의 전기나 이야기로 보는 것과는 다르다. 이유는 인간중심의 모범적 설교를 배제하기 때문이다. 구속사적 설교는 역사적 본문에 있는 그리스도를 증거한다. 구원사적 설교(Redemptive Historical Preaching)를 하는 것이다.

제2장 구속사적 설교의 역사적 고찰

제2장 구속사적 설교의 역사적 고찰

오늘날은 실천신학(Theologia Practica)의 시대이다. 실천신학의 학문성을 문제삼기 시작한 것은 1960년대 이후부터이지만 선교학과 교회론의 발전은 교회 성장학에 관심을 갖게 되었고, 아울러 설교학에 대한 새로운 시대가 열리도록 했다.[1] 최근 한국에서도 설교 신학에 대한 관심이 고조되는 가운데 설교학(Homiletics)에 대한 책들이 수십 종 번역되었는가 하면, 강해설교에 붐이 일어나고 있다. 실로 기쁜 일이 아닐 수 없다. 그러나 이런 관심과는 달리 강단에서는 복음이 아닌 인간중심의 설교(?)가 행해지고 있는 형편이다. 예컨대 심리적 해석, 도덕적 교훈 등이다. 교회가 교회다운 모습으로 성장하고자 할 때 하나님의 말씀이 바르게 선포되어야 한다. 포 사이드는 "교회는 말씀과 함께 살고, 말씀과 함께 죽는다"고 말했다.[2] 그러면 오늘이 시대에 가장 힘 있게 물어야 할 질문인 '바른 설교'는 무엇이며, '참된 성경적인 설교'는 어떤 것인가 하는 문제이다. 그러나 성경적인 설교는 어떤 것인가에 대해서는 신학의 입장에 따라 서로 달라질 것이다. 즉 어떤 설교 신학(Theologia Homilitica)[3]을 갖는가에 따라서 방향이 달라진다. 설교

---

1) 정성구, 「실천신학개론」, pp.34f.
2) P. T. Forsyth, <u>Positive Preaching and the Modern Mind</u> (Grand Rapids: Wm. B. Eerdmans, 1966), p.89.
3) 정성구, 「실천신학개론」, p.113.

형태는 본문설교, 강해설교, 주석설교, 제목설교, 이야기식설교, 상담설교 등 여러 가지 형태가 있을 수 있지만 결국은 신학의 문제이다.

예를 들면 한국 교회에 강해설교의 방법론이 많은 관심과 더불어 개발되고 있다. 그러나 헤돈 로빈슨(Haddon W. Robinson)의 지적과 같이 "강해설교는 그 핵심에 있어서 단순한 방법론이 아니라 철학의 문제이다"라고 하였다.[4]

설교자의 신학 입장과 성경관에 따라서 얼마든지 달라질 수 있다는 말이다. 그러면서도 설교자들 중에는 그 누구도 자기가 비성경적인 설교자라고 생각하지 않는다.[5] 그러면 어떤 설교가 이 시대가 요구하는 바른 설교이며 성경적인 설교일까? 구속사적 설교이다. 왜냐하면 성경 전체가 구속사적이기 때문이다.

구속사적 설교란 한국 교회에 생소한 말이다. 이 방법이 제기된 것은 극히 최근의 일이라고 보아야 할 것이다. 구속사적 설교란 설교의 구조나 방법보다는 설교 신학의 문제라고 할 수 있다. 구속사적 설교도 여러 형태의 설교 방법 중 하나라고 해도 무방하지만 그러나 중요한 것은 얼마나 신학적이고 학문적인 타당성이 있는가 하는 것이 문제일 것이다. 지금까지 출판된 설교학에서는 아무 곳에서도 구속사적 설교를 다룬 것이 없다.

구속사적 방법론에 대해서는 주로 성서신학 분야에서 언급되었다. 신구약 신학의 방법론으로는 구속사적 원리가 핵심원리로 대두되고 있고 신구약의 통일성 및 연속성에 있어서 구속사가 그 해답을 주고 있다. 그러나 구속사적 방법론이 설교와 목회에 어떻게 연결되는지에 대하여는 그동안 별 진전이 없어 보였다. 다만 총신대학 대학원과 고신대학원에서 시드니 크레이다누스(Sidney Greidanus) 박사의 「오직 성경」(Sola Scripture)[6]이란

---

4) Haddon W. Robinson, <u>Biblical Preaching The Development and Delivery of Expository Messages</u> (Grand Rapids: Baker Book House, 1982), p.20.
5) William D. Thompson, <u>Preaching Biblically, Exegesis and Interpretation</u> (Nashville: Abingdon, 1981), p.9.

책을 통하여 구속사적 설교에 관심을 갖게 되었다. 그리고 미국의 웨스트민스트신학교 교장이었으며 실천신학 교수였던 클라우니(Edmund P. Clowney) 박사가 그의 목회경험과 성경신학적인 방법을 통해서 구속사적 원리가 설교에 적용되는 문제를 다룬 「설교와 성경신학」이 우리말로 번역되어 나왔다.[7) 이 책들은 설교에 있어서 구속사적인 방법을 권장하는 대표적인 것이다.

성경신학의 방법론은 구속사적 원리를 중요시하고 있다. 신구약성경의 통일성과 계시의 중심이 되는 구속사는 성경을 바로 이해하는 열쇠가 된다. 특히 화란의 더 흐라프(S. G. De Graaf)의 언약사(言約史)가 우리말로 완역되어 나오면서 구속사적 설교에 대한 새로운 인식에 눈을 뜨기 시작했다.[8)

또한 고신대학의 고재수(N. H. Gootjes) 교수의 「구속사적 설교의 실제」란 책은 한국 교회에 구속사적 설교의 새로운 방향을 제안한 책이다.[9) 그리고 고신대학 박종칠 교수의 「구속사적 성경해석」, 「구속사적 구약성경해석」과 합동신학교 김영철 교수의 「여호와 신실하신 우리 하나님」이란 책들은 구속사적 설교 이해를 위해서 도움이 되는 것이다. 구속사적 설교는 개혁주의 교회 특히 화란개혁교회에서 주로 활발히 논의되고 미국 등의 개혁파교회에 의해서 전달되었다. 신앙과 신학은 분리될 수 없다. 역시 신학과 설교도 분리될 수 없다. 성경에 대한 구속사적 접근 방법은 설교에 구체적으로 나타나야 한다. 이런 맥락에서 구속사적 설교는 강단회복을 추구하는 한국 교회에 새로운 돌파구가 될 것이다.

---

6) Sidney Greidanus, <u>Sola Scriptura: Problems & Principles in preaching Historecal Texts</u> (Toronto: Wedge Publishing Foundtion, 1970). 이 책은 저자가 화란의 Vrije universiteit의 신학부 박사학위 논문으로 제출되었던 것이다.
7) 에드먼드 클라우니, 「설교와 성경신학」 김정훈 역(서울: 기독교교육원, 1972).
8) S. G. De Graaf, <u>Verbondsgeschiedenis I Het Dude Testament Schetsen Voor De Vertelling Van De Bijbelsche Geschiedenis</u>. 2 vols. (Kampen: Kok, 1935).
9) 고재수, 「구속사적 설교의 실제」(서울: 기독교문서선교회, 1987).

1. 구속사적 설교의 기원

구속사적 설교의 역사적 고찰은 화란이라는 특정한 영역을 중심으로 전개하는 제한성을 가지지만 구속사적 설교가 어떻게 대두되었는지 그 역사적 배경을 살펴보면서 복음의 내용인 구속사적 설교의 역사적 필연성을 말하고자 한다.

구속사란 무엇인가? 앞에서 피력한 바와 같이 하나님께서 인간을 구원하시는 사역이다. 하나님의 뜻에 따라 예수 그리스도 안에서 인간을 구속하시기 위하여 역사를 주관하시고, 섭리하시는 구원의 역사이다. 다시 말하면, 성경은 많은 사건의 연속이 아니다. 다만 한 분 창조주 하나님이 예수 그리스도 안에서 인간을 구원하시기 위하여 역사를 주관하시고, 섭리하시는 특별한 구원의 역사인 것이다.

구속사의 초점은 신구약성경의 통일성과 계시의 점진성, 연속성을 전제하게 된다. 성경은 많은 역사가 있는 것이 아니다. 단 하나의 역사가 있다. 그것은 하나님의 점진적인 계시와 구속 사역의 역사이다. 성경에 나타난 다양한 인물들은 이 하나의 역사 속에서 각자 그들의 독특한 위치를 가지고 있다. 따라서 모든 기사를 구속사의 중심이신 그리스도와의 상호관련성 속에서 이해해야 한다. 이 성경의 역사적 본문을 가지고 어떻게 설교할 것인가는 설교신학 또는 설교방법론에 있어서 대단히 중요하다.

구속사적 설교를 말하기 시작한 것은 1930년대 말, 화란의 칼빈주의자들에 의해서다. 세계 1, 2차 양 대전 사이에 화란 개혁파교회(Gereformeerd Kerk)10) 안에서 성경해석과 설교운동에 '새로운 운동'(New Direction)이 일어나고 있었다.

---

10) 이 교회는 Abraham Kuyper에 의해서 창립된 교회이다. 그러나 K. Schilder 박사에 의해 일부가 분열되어서 Vrijgemarrked Kerk로 되었다.

같은 시기인 1935년에 헬만 도예벨트(Herman Dooyeweerd)와 볼렌호번(Th. D. H. Vollenhoven) 박사를 중심으로 뿌라야 대학교(Vrije Universiteit)에서 칼빈주의 철학협회(Vereniging Van Calvinistische Weesbegeerts)가 조직되었다.

흥미 있는 일은 구속사적 설교를 지지하는 사람들은 거의 모두가 칼빈주의 철학회 회원이거나 이에 동조하는 사람들이었다. 이들은 단순히 철학자들이라기보다는 하나님 말씀에 애착심을 갖고 있던 사람들이었다. 칼빈주의 철학의 기초는 하나님의 언약에 근거를 두고 있었다.

하나님의 언약사상에 근거한 구속사적 설교는 사실 새로운 사실이 아니었지만 당시 교회로서는 새로운 동향(New Direction)으로서 받아들여지게 되었다.[11] 그 당시 유명하던 모범적인 설교(Examplary Preaching)[12]를 지켜오던 사람들은 이 새로운 구속사적 설교에 거부감을 갖게 되었다. 사실 전통적인 설교 방법이었던 모범적 설교는 초대교회 때부터 있어 왔던 방법이어서 설교의 방법으로서는 정설로 되어 있었다.

불트만(R. Bultmann)은 구약의 역사적 본문을 설교하려면 모범적(Examplary) 방법밖에는 달리 방도가 없다고 했다.[13] 이런 모범적 설교 방법은 영어권을 사용하는 나라에는 보편화 되었고, 한국 교회 역시 미국 교회의 전통과 영향을 받은 만큼 모범적 설교가 통념이 되어왔다. 한국 교회에서 구속사적 설교에 익숙하지 않은 설교자에게는 이 방법이 낯선 방법일 것이다.

1930년대 말에 구속사적 설교가 나오게 된 그 당시의 배경에는 첫째, 칼 바르트(Karl Barth)의 변증법적 신학(Dialectic Theology)에 대한 반

---

11) S. Greidanus, p.22.
12) 역사적 본문에 등장하는 인물을 우리가 본받아야 할 모범으로 제시하는 설교이다. 다시 말해서 성경의 어떤 사건이나 인물을 모델로 삼아 오늘의 삶과 연결시키는 방법이다. 최근 한국에는 강해설교 붐이 만연되어 있어 적용을 귀히 여기는 때이므로, 실제로 한국 교회는 모범적 설교가 인기가 있고 익히 훈련된 방법이다.
13) S. Greidanus, p.12.

응 때문이었다. 바르트의 변증법적 신학이 화란에 소개되자 그 반응이 다양하게 나타났다. 어떤 사람은 카이퍼(Abraham Kuyper) 신학의 개선책으로 환영하였고 바르트와 카이퍼를 종합하려는 사람들도 있었다.

그래서 화란의 개혁파 신학자들은 칼 바르트의 신학에 대해서 활발한 논의를 벌이게 되었다. 그중에 대표적인 인물이 구속사적 방법의 창시자인 스킬더(K. Schilder) 박사였다. 그는 바르트의 변증법적 신학을 개혁교회 안에 큰 위협으로 보고 많은 저술을 통하여 공격하였다.[14] 스킬더는 말하기를 "칼 바르트는 영광스러운 개혁파 과목인 하나님의 계시 역사를 말살하였다"고 비판하였다.[15] 스킬더의 입장은 칼 바르트의 변증법적 신학은 성경에 대한 올바른 해석에 접근할 수 없다고 판단하고, 성경의 계시사(啓示史)를 바로 깨닫지 못하는 한 성경해석을 바르게 할 수 없다는 것이다.

칼 바르트의 변증법적 신학의 무역사적(Anti-Historical) - 반역사적인 경향이 아닐지라도 - 에 대한 반작용으로 구속사가 강조된 것처럼, 설교에 있어서도 변증법적 신학을 토대로 한 실존적인 설교와 해석에 대하여 구속사적 설교가 대두되었다.[16]

둘째로, 구속사적 설교가 태동하게 된 이유는 1930년대를 전후해서 일어난 화란 교회의 주관주의(Subjectivism)에 대한 반작용에서 시작되었다. 당시 교회 안에는 매우 복잡한 사상들이 있었다. 예컨대 화란의 경건주의인데 신비주의였다. 이 경건주의 특징은 주관주의, 개인주의, 신령주의였다.[17] 그리고 재침례파(Anabaptism)다. 이들은 이원론(Dualism)을 제창하는 신령주의였다. 이것들은 모두가 신자 개인의 체험을 강조하게 됐다. 또 한편으로는 객관주의 입장의 사람들인데 합리주의자였다. 이러한 움직임

---

14) Ibid., pp.29-30.
15) Ibid., p.31.
16) Ibid., p.32.
17) 여기서 주관주의(subjectivism)란 신자의 체험을 강조하며, 개인주의(individu-alism)란 언약과 교회를 도외시하며, 신령주의(spiritualism)란 그리스도인의 삶을 내면의 삶으로 축소한다.

들은 '오직 성경'(Sola Scriptura)의 개혁주의 사상과는 거리가 먼 것이었다. 그래서 비성경적 신앙운동에 쐐기를 박고 성경적인 입장에서 말씀을 선포해야 할 필요가 있었다.[18]

개인의 신앙체험을 규범으로 삼는 주관주의도 문제이지만, 설교에 있어서도 본문이 설교자의 사상을 걸어야 할 옷걸이로 삼는 생명 없는 설교도 문제였다. 주관주의가 자칫 경건주의 모양으로 나타나기도 하는데, 이것은 개인주의, 그리스도 없는 신앙생활, 비성경적인 교회관, 심리적 느낌, 인간중심적인 내향성으로 가기 쉽다. 또한 역사를 무시하는 경향을 갖게 됐다.

그래서 이러한 설교운동과 신앙형태에서 성경본문의 내용을 깊이 알고 하나님께서 성경의 구속사를 통해서 무엇을 말씀하시는지를 분명하게 제시하려는 것이 구속사적 설교운동을 태동하게 된 동기이다.[19]

2. 모범적(Examplary) 설교의 문제점

앞에서 구속사적 설교가 어떤 역사적 배경을 가지고 태동했는지를 살펴보았다. 그러면 구속사적 설교 이전에 있었던 모범적 설교(Examplary Preaching)의 문제가 무엇이며, 강단의 문제점은 어떤 것인지 살펴보겠다. 이는 한국 교회 강단 회복을 위해서 새로운 활력을 불어넣기 위한 것으로 의미가 있을 것이다.

우리가 성경을 잘못 설교하면 성경 이외의 책에서도 성경과 비슷한 교훈을 끌어내어 쓰게 되는 위험이 있다. 사실 모범적 설교 방법은 그 기원이 언제

---

18) Ibid., p.34.
19) Ibid., pp.36-37.

인지는 알 수가 없다. 다만 기독교 초기부터 오늘날에 이르기까지 늘 있어왔던 설교 방법이었다. 시드니 크레이다누스(Sidney Greidanus)에 의하면 우리 인간은 언제 어디서나 과거 사건의 의미를 찾아서 현실에 적절하게 적용하고자 할 때는 대개가 모범적 접근 방법을 쓰기 쉽다는 것이다.[20] 실제로 클레멘트(Clement)는 성경을 '윤리적 모범을 보여주는 책'(a Book of Ethical Model)으로 생각했다.[21] 또 져스틴 마터(Justin Martyr)는 "설교가들은 역사적 본문을 즐겨 선택하고 청중들로 하여금 그것을 좋은 본보기로 제시하여 따르도록 한다"고 하였다.[22]

모범적인 설교 방법은 중세를 거쳐 계속 이어졌으며 성경 본문을 갖고 모범적인 설교를 할 때 청중들을 매료시키고 또 성경의 사건 내용을 청중들로 하여금 삶의 거울로 받아들이도록 설교했다. 그래서 설교를 단순한 윤리적 요소를 강조하는 데 열을 올렸다. 모범적 설교의 적극적인 지지자인 헤이저 박사(Dr. Ph. J. Huijser)는 개혁주의 의지를 가진 모든 설교자들까지도 모범적 설교의 방법을 그대로 답습했다고 주장했다.[23]

그러면 모범적 설교는 무엇인가? 모범적 설교의 지지자인 다우마(J. Douma)에 의하면 다음과 같다. 우리 조상들은 구속사가 그리스도를 중심에 둔 성경의 통일된 구조라는 사실을 잘 알고 있었다. 그러면서도 성경에 기록된 인물들을 심리적으로 묘사하고, 성경의 인물들이 가졌던 갈등과 시

---

20) Ibid., pp.9-10.
21) Ibid.
22) Ibid.
23) Ph. J. Huiser, <u>Het Exempel in De Prediking</u> (Groningen: J. Niemeijer, 1952). 이 책은 구속사적 설교를 반대해서 모범적 설교를 강력히 지지하기 위하여 쓰인 책이다. 그는 모세, 선지자들, 지혜자들, 시편기자들, 예수, 바울, 야곱, 베드로, 요한, 유다 등의 설교에서 모범적 설교를 들고 있다. 그리고 설교 역사적으로 고대, 중세, 그리고 종교개혁시대, 최근까지 모범적 설교의 실례와 방법들을 논하고 있다. Huiser의 주장은 구속사적 설교의 지나침을 어느 정도 보완해 줄 수 있는 좋은 자료이다. 1950년대의 모범적 설교를 지지하기 위한 이 책은 그동안 구속사적-모범적 설교의 논쟁이 심했었다는 증거가 된다. 또 S. Greidanus의 박사학위 논문인 "Sola Scriptura"의 내용을 보아도 스킬더(Schilder)의 이론과 Huijser의 이론을 비교분석하는 연구 태도를 취한 것이라고 볼 수 있다.

련, 그리고 신앙의 강약을 말한다. 또 성경에 기록된 성도들의 경험과 오늘날의 성도들의 영적 싸움을 비교하면서 설교하는 것이다. 그리고 성경에 나오는 모든 인물의 성격을 모든 사람들의 본보기로 제시하려는 것이다.[24] 한마디로 성경의 모든 사건과 인물을 하나의 모범(Example)이나 모델로 사용해서 영적, 도덕적 교훈을 취하는 것이다.

예를 들어, 삼상 20장에서 다윗과 요나단의 우정을 오늘의 신자들이 본받아야 할 우정으로, 삼상 1장에서 한나의 아들을 구하는 기도는 우리가 필요할 때마다 따라야 할 모범으로, 도망하는 하갈은 모든 죄인의 모형으로, 브니엘에서 야곱이 씨름하는 것은 우리의 영적투쟁으로, 요나가 도망한 것처럼 우리도 하나님으로부터 도망하였고, 바디메오가 "다윗의 아들 예수여 나를 불쌍히 여기소서" 하는 외침은 내 속에서 일어나야 하는 것으로 보는 것이다.[25]

이런 해석은 성경을 단순한 거울로 보는 것이다. 과거의 역사와 오늘의 역사를 같은 평면에 놓고 보는 것이다. 과거의 인물들과 오늘날 사람들 사이의 역사적 불연속성을 간과하고 과거와 현재 사이에 등식표(Then=Now)를 두었다. 그러나 역사적 간격이 실재하는 것은 부인할 수 없다. 이것은 상황적 적용을 위해서 갖추어진 것이 아니다. 이러한 접근 방법은 강해설교에서도 강조되고 있다. 성경 본문의 메시지가 오늘을 살아가는 우리들에게 어떻게 적용되는가를 물을 때 자연히 모범적 설교의 타당성을 주장할 것이다.

모범적 설교 지지자들은[26] 이런 문제를 제기한다. 설교가 너무 구속사적인 관점으로만 하다 보면 현실과 무관한 설교를 하기 쉽다는 것이다. 이는 구속사에 대한 객관적 설교나 성경해석이 될 뿐이고 현실적으로 적용이 안

---

24) S. Greidanus, p.43.
25) Ibid., pp.58-59.
26) 화란개혁교회의 모범적 설교 지지자들 중에는 바빙크(J. H. Bavinck), K. Dijk, J. Douma, Ph. J. Huijser, J. Schelhoas, N. Streetkerk 등이 있다. 이들은 구속사적 설교를 인정하면서도 모범적 설교를 해야 한다는 주장들이다. Ibid., p.42.

되고, 상황(Context)을 고려하지 않는 무미건조한 설교가 되기 쉽다는 것이다. 그래서 이런 위험을 막기 위해서는 모범적 설교가 불가피하다는 것이다. 모범적 설교자들은 역사적 본문인 성경을 설교함에 있어서 단순히 설명하는 것이 아니고 적용하려면 객관성뿐만 아니라 주관성도 있어야 한다는 것이다.

화란의 경우, 모범적인 설교를 주장하는 사람들은 구속사적 방법을 거부하는 것이 아니라 모범적 요소를 배제한 구속사적인 방법을 반대하였다.[27] 또한 헤이저(Huijser)는 모범적 설교가 복음을 명쾌하게 만들고 주의를 집중시키며 진리를 인상 깊게 심어주고 설교를 흥미 있게 한다고 주장하였다.[28] 모범적 설교를 주장하는 사람들은 구약이 신약을 지지하고 있는 관계를 바로 모범적 성경해석 방법으로 보고 그것을 뒷받침하고 있다. 또 예수님이 구약을 사용하셨고 구약을 통해서 그리스도를 발견하도록 했으므로 모범적 설교를 해야 한다는 것이다.[29]

그러나 문제는 그러한 모범적 설교가 성경적이라고 할 수 있는가 하는 것이다. 모범적 설교를 비판하는 입장에서 볼 때 이것은 순전히 인간중심적이다. 특히 성경에 나오는 인물의 성격과 특성을 고찰해서 거기서 어떤 교훈을 얻고자 할 때 그것이 과연 성경적인가 하는 의문이 남게 된다.

예를 들면 역사적 성경 본문을 가지고 설교할 때 대개 '아브라함의 신앙' '이삭의 순종' '수로보니게 여인의 신앙' '다윗의 신앙' '베드로의 신앙' '백부장의 믿음' '사무엘의 기도' '한나의 기도' '마리아의 신앙' 등에서 그들의 사상과 삶에서 교훈을 얻는 것이 옳은가 하는 문제가 제기된다. 물론 이와 같은 접근이 무시되거나 하나님의 계시에 대한 인간의 반응을 제외해도 좋다는 뜻이 아니다. 설교자가 강단에서 설교할 때 아브라함이나 베드로, 모세나, 마리아에 대한 설교가 아니라 예수 그리스도를 선포해야 한다. 예수 그

---

27) Ibid., p.43.
28) Ph. J. Huijser, p.211.
29) S. Greidanus, p.45.

리스도는 모든 인생에게 있어 희망이다. 그들에게 그리스도를 증거해야 한다. 복음의 내용인 구속사적인 설교를 해야 한다. 설교의 마지막에 가서 예수 그리스도를 한두 마디 언급하는 것이 아니라 성경에 일관된 구조인 구속사의 흐름을 바로 파악해야 한다.

이런 의미에서 그리스도 중심적 설교(Christo-Centric Sermon)와 인간중심적 설교(Anthropo-Centric Sermon)가 구분되는 것이다.

여기서 모범적 설교의 문제성이 제기된다. 설교자가 역사적 본문(Historical Text)을 가지고 모범적 설교를 할 때 이것은 성경계시의 역사성을 완전히 배제해 버리는 것이다. 그럴 경우 성경에서 말하고자 하는 의도를 바로 전달할 수 없다. 비성경적인 설교가 되는 것이다. 이유는 성경의 역사는 구속사(救贖史)인데도 세속사(世俗史)처럼 사용해 버리기 때문이다. 그것은 성경의 인물을 설교의 주제로 다루는 것과 세속사의 인물의 역사를 다루는 것과 크게 차이를 두지 않고 사용하게 된다. 모범적 설교자들은 자연히 많은 예화를 들어서 성경의 진리와 병행하려 든다. 그래서 경우에 따라서는 모범적 설교가 성경의 역사를 무시하거나, 성경의 사건을 실존적으로 파악함으로써, 윤리적인 결단의 한 모델로 사용하게 된다. 이렇게 되면 성경은 예화의 근거(Scripture as Source of Illustrations) 정도로 전락된다.

모범적 설교의 또 다른 문제점은 도덕적인 설교나 교훈적인 설교로 전락하기 쉬운 것이다. 앞에서 말한 대로 성경의 역사적 본문을 가지고 모범적인 설교를 하게 되면 자연히 어떤 인물에 대해서 장단점을 설명하게 되고 그 장단점이 수천 년이 지난 오늘 이 시점에서 우리에게 어떤 교훈을 주는가를 분석해 보는 방식이다. 이와 같은 설교 방법은 2천 년 동안 거의 무비판적으로 행해져 왔으므로 한국 교회에도 답습되어진 것이다. 이런 설교가 행해진다면 한국 교회의 강단과 개인의 영혼은 기갈 상태를 면치 못할 것이다. 한국 교회가 많은 문제를 안고 있지만 가장 원초적인 문제는 설교문제요 성경해석의 문제인 것이다.

여기서 역사적 본문을 가지고 모범적 설교를 할 때 일어나는 문제들을 생각해 보자. 먼저, 하나님중심적인 설교가 아니고 인간중심적인 설교가 된다. 또한 성경을 설교자의 사상에 따라 선택적으로 사용하는 오류가 따르게 된다. 성경이 말하고자 하는 의도를 무시하고 말이다. 설교자 자신의 의도가 설교 전체에 흐르게 되어 진정한 설교가 될 수 없다. 모범적 설교는 성경을 모범 또는 예증적(Illustration)으로 사용하는 것이다.

홀베르다(B. Holwerda)는 모범적 설교에 반대하여 말하기를 "모든 문학의 장르는 그 자신의 해석 규칙이 있다. 즉 역사적 기록은 예언서나 서신들과 다르다. 또 시편이나 지혜문학은 또 다른 특징을 가지고 있다"고 했다. 그래서 이들의 각 장르에 따라 해석 법칙이 있다고 했다.[30] 역사적 본문의 특별한 규칙을 결정하기 위해서 그 독특한 성격을 알아야 한다. 한 역사적 부분을 역사로부터 나온 하나의 사실로서 다루는 것이지 모범적인 예로서, 비유(Gelijkenis)로서가 아니다. 하나님께서 어떤 역사를 '그림의 형태 속에 있는 가르침'(Onderwijs in Aauschou Welijken vorm)을 주기 위해서 기록하도록 하셨을 가능성이 있다고 생각하는 사람들은 비유와 한편의 역사와의 차이점을 보는 시각을 상실했다고 홀베르다(Holwerda)는 지적한다.[31] 역사적 본문을 모범의 목적으로 사용하는 것은 역사적 독특성 즉 그 실재적인 특성을 무시해 버리는 것이다.[32]

스킬더(Schilder)는 역사적 본문을 모범적으로 설교하는 것은 성경의 통일성을 부인하는 것이며 단편적 해석(Fragmentary Interpretation)이라고 말했다.[33] 이것은 본문을 성경 전체로부터 분리시키는 것이다. 모범적 설교는 성경의 역사적 본문을 모범으로, 단편적인 해석을 함으로써 성경의 구속사적 의미를 약화시키고 있다. 대부분의 영어권에 있는 설교자들

---

30) S. Greidanus, pp.60-61.
31) B. Holwerda, <u>Begonnen Hebbende van Mozes</u> (Kompen: Berg, 1974), p.87.
32) S. Greidanus, p.61.
33) B. Holwerda, p.88.

의 설교 형태가 한국 교회에서 흔히 볼 수 있는 형태이다. 그런데 이렇게 될 경우 실제 설교에서 다음과 같은 과정으로 설교가 이루어진다.

첫째는 심리화(Psychologizing)하게 된다. 달리 말하면 심리학적 해석 (Psychological Exegesis) 방법이다.[34] 본문에 나오는 사람들의 동기와 성격을 헤아려 보고 외적인 행동을 통하여 사실 안에서 발생하는 심리적 과정을 꿰뚫어 보아야 한다는 것이다. 크로쇠이데(Grosheide)는 문법적이고 역사적인 해석에 아주 밀접하게 심리적 해석과 연결시키고 있다. 훅스트라 (Hoekstra)도 역사적 본문은 심리학적 설명이 가능하다고 보았다.[35] 그러나 구속사적 설교를 주장하는 스킬더(Schilder)는 심리화(Psychologizing)를 경계했다.[36] 심리적 묘사는 하나님께서 주시고자 하는 메시지를 찾기보다 인간중심적 해석을 하게 된다.

예를 들면 사사기 13장의 삼손의 출생을 예고하는 기사에 대해서 메튜헨리(Matthew Henry)는 주해하기를 "여호와의 사자는 그녀의 고통을 잘 알고 있었다. '보라 네가 본래 잉태치 못함으로 생산치 못하였노라' 이 말을 들은 그녀는 그를 한 번도 본 일이 없었지만 그녀의 슬픔을 잘 알고 있는 것으로 보아 그가 예언자일 것이다라고 생각했다……. 아마 이때 그녀는 자기에게 자식이 없음을 실제로 괴롭고 슬프게 생각하고 있었기 때문이리라. 하나님은 그의 백성이 곤경에 처하여 괴로워하고 있을 때 그들을 위로하신다[37]고 주해를 했다. 매튜 헨리는 시대적 환경을 감안하여 마노아의 아내가 자식이 없으므로 고통과 슬픔에 잠겨 있다고 심리적인 묘사를 하고 있다. 그런 상태에서 하나님의 사자가 나타나서 위로하는 것을 보아 하나님은 성도의 괴로움을 돌아보신다고 심리적 해석을 하고 있다. 그러나 본문은 마노아의 가정과 한 여자의 위로자로서 하나님을 보여주려고 한 것이 아니다.

---

34) S. Greidanus, p.73.
35) Ibid., pp.73-74.
36) Ibid., pp.74-75.
37) 매튜 헨리, 「사사기, 룻기」 박근용 역(서울: 기독교문사, 1980), p.262.

더욱이 마노아의 아내가 슬퍼한다든지 괴로워하고 있다는 심리적, 정신적인 현상을 성경에서 묘사하고 있지 않기 때문에 이 주해는 본문이 의도하는 바와는 다르다.

사사기 7장 16-22절에 기드온이 미디안 군대와 대항하여 싸우는 내용이 있다. 메튜헨리는 이 단원의 제목을 "심리전을 편 기드온"[38]이라고 붙였다. 사실 내용에는 심리적 묘사가 전혀 언급되지 않고 있다. 그러나 메튜헨리는 "항아리가 깨어지는 시끄러운 소리와 밝은 횃불 때문에 적군이 놀라서 서로 죽이는 사태가 벌어졌고 더욱 혼란스럽게 되었다"[39]고 하였다. 이 해석은 사실을 무시해 버린 심리적 묘사다. 분명한 것은 하나님께서 그렇게 하셨다는 것이다.

홀베르다(Holwerda)는 설교에 있어서 심리적 해석 방법의 위험성을 경고하였다. 그는 말하기를 "심리학적 해석은 성경의 실제 내용을 교훈이란 눈더미 속에 매장하는 것이라"고 꼬집었는가 하면 판트 피엘(Van't Veer)은 "문제는 성경이 그 역사 속에 나타난 사람에 대해 심리적 묘사를 하고 있느냐에 있다. 만약 성경이 심리적 묘사를 하고 있지 않을 경우에는 심리적 해석을 해서는 안 된다. 성경의 사료(Historiography)는 그 성경에 기록된 방법에 따라 해석되어야지 심리학적 해석을 해서는 안 된다"고 말하였다.[40] 심리적 해석은 구속사적 안목에서 볼 때에 앞에서 말한 대로 구속사를 세속사로 전락시키는 일이 된다.

둘째는 영해(Spiritualizing)의 문제이다. 흔히 성경시대와 현대와의 역사적 간격을 해결하기 위한 방법이다. 본문에 있는 사건을 영적으로 해석함으로써 과거와 현재의 간격(Then-Now Gap)을 연결하여 즉각적인 적용을 위한 방법이다. 온 세계 교회가 흔히 쓰고, 한국 교회가 가장 많이 사용하는 보편적인 것이다.[41]

---

38) Ibid., p.163.
39) Ibid., p.165.
40) S. Greidanus, p.76.

예를 들면 야곱이 브니엘에서 씨름한 것을 우리의 영적 투쟁으로, 마태복음 9장의 두 소경을 우리의 영적 소경됨을, 예수님의 옷자락을 만지려 했던 여인처럼 우리도 영적으로 예수님을 접해야 하는 것으로, 예수님을 가나의 혼인잔치에 초대한 것을 우리도 예수님을 영접해야 한다. 그리고 마태복음 8장 23절에서 풍랑을 잔잔케 하신 예수님은 인생의 바다에서 영적 폭풍을 잔잔케 한다는 교훈으로 적용한다.

홀베르다(Holwerda)는 적절한 교훈이 주어지는 것을 부인하지 않으나 이것은 본문과는 관계가 없는 해석이라고 말했다.[42] 사사기 14장 5-9절에서 랑케(Lange)는 이렇게 해석했다. "삼손이 사자의 사지를 찢은 것과 같이 그리스도도 사탄의 왕국과 사망을 찢었다. 우리를 찾아다니는 사자는 지금도 두려움의 대상이다. 사자와의 싸움은 지금에 와서도 매일 계속해야 할 것이다.[43] 그러나 성경에 나타난 모든 사자가 마귀가 아니라는 것을 기억해야 한다.

박윤선 박사도 랑케와 같은 입장에서 적용하고 있다. 포도원은 신자의 평안한 생활로, 사자는 마귀로 해석해서 신자는 늘 복음의 전신갑주를 입고 전투할 것으로 주해하였다.[44]

또 사사기 15장 4-5절에서 "삼손이 곡식과 감람원을 사른 것을 개인적 차원-블레셋 민족 공동체에 대한 도전으로 보았다. 그래서 우리도 죄악의 원천이 되는 마귀와 그 왕국에 도전해야 된다"[45]고 주해하였다. 이 해석은 당시의 종교적 상황과 역사적 배경을 무시해 버리고 영적인 교훈만을 가져다줄 뿐이다. 이것은 하나님이 의도하는 본문의 뜻에 결함을 드러낸다.

홀베르다(Holwerda)는 본문을 함부로 영적 교훈으로 이끌어 내는 것에

---

41) Ibid., p.77.
42) Ibid.
43) D. 케젤, 「사사기, 룻기」 배영철 역(서울: 백합출판사, 1977), p.411.
44) 박윤선, 「박윤선 성경주석」 「여호수아, 사사기, 룻기」(서울: 영음사, 1978), pp.287-88.
45) Ibid., p.295.

대해 '말씀의 파괴'라고 말한다.[46] 성경을 해석함에 있어서 역사적이고 문법적인 면을 떠나서는 결코 진정한 영적 의미를 발견할 수 없는 것이다. 실제로 이런 영적 해석이 본문을 얼마나 충실히 이해하였는지 물어져야 할 것이고 하나님의 구속사와는 어떤 상관이 있는지 대답되어야 한다.

세 번째의 문제점은, 도덕적(Moralizing) 설교에 빠지는 것이다.

도덕적 설교는 율법주의적 설교를 말한다(Moralistic Preaching is Legalistic).[47] 거기에는 하나님의 직설법(Indicative) 없이 명령법(Imperative)만 강조한다. 즉 하나님의 은혜로 구원받는다는 것보다 우리가 무엇을 해야 한다는 행위를 강조한다. 도덕적 설교는 복음을 율법으로 만든다. 오직 은총으로만 이루어질 수 있는 것을 행위로써 이루어 보고자 한다. 마치 반 펠라기우스(Semi-Pelagian)의 경향처럼 '오직 은혜로만'(Sola Gratia) 구원받는다는 진리를 부인하는 결과가 될 것이다.

판트 피엘(Van't Veer)은 모범적 설교는 끊임없이 우리에게 한 편의 도덕을 주려고 한다고 경고한다. 판 데이크(Van Dijk)도 역사적 본문에 대한 모범적 설교는 쉽게 도덕적 설교로 쇠퇴한다는 것이다.[48] 이는 무엇을 해야만 한다는 도덕적 교훈을 주기 때문에 역사성은 의미가 없고, 역사적 본문은 파괴되는 것이다. 하나님의 은혜를 약화시키고 복음의 의미를 상실하도록 한다. 은혜로만 이루어질 수 있는 것을 공로로 말미암아 이루려고 한다.

도덕적 설교의 오류는 성경의 어떤 행위에 대해서 옳고 그름을 판단하지 않았음에도 설교자의 느낌이나 판단으로 어떤 규범을 만들고 그것을 명령하게 되는 경우이다. 성경에 기록되었다는 이유 하나만으로 그것을 행하라고 할 수 있는 가능성이 많다. 이상에서 보는 바와 같이 구속사적 설교를 이해하기 위해서 지금까지 천편일률적으로 굳어져 있는 모범적 설교의 문제점을

---

46) S. Greidnus, p.78.
47) Ibid., p.79.
48) Ibid.

여러 각도로 살펴보았다. 그러나 모범적 설교를 모두 부정하는 것이 아니다. 다만 구속사적인 안목에서 교정되고 이해되어져야 한다.

네 번째 문제점은 모형화(Typolozing)이다.

성경해석의 방법 중에 특히 구약해석 방법의 하나로 모형적 해석 방법이 있다. 이것은 성경 저자들도 가끔 사용하는 방법이기 때문에 우리가 흔히 사용하는 방법이다. 구약의 사건 혹은 사람을 모형(Type)으로 보고 신약에서 그 원형(Anti-Type)을 찾아내는 방법을 말한다. 이것은 기독론적 방법의 하나로서 루터도 좋아하는 방법이다. 그러나 이것을 지나치게 사용할 경우 모범적 해석과 같은 오류에 빠진다.

예를 들면, 요셉의 순종을 예수 그리스도의 순종의 모형으로, 요셉이 이스마엘 사람들에게 팔려 간 것을 그리스도께서 유다에게 팔려 갈 것에 대한 모형으로, 요셉이 애굽에 간 것을 예수님께서 애굽에 피난 갈 것에 대한 모형으로, 요셉이 감옥에 갇힌 것을 예수님의 비하로, 야곱이 브니엘에서 씨름한 것을 그리스도께서 갈릴리에서 기도할 것의 모형으로, 보아스가 룻을 돌보아 준 것을 그리스도가 그의 백성을 돌보아 줄 것의 모형으로, 여인들이 다윗에게 경의를 표한 것을 아기 예수님이 베들레헴에서 받게 될 경의의 모형으로, 사울의 미움을 헤롯의 미움의 모형으로, 하나님께서 엘리야에게 침묵하신 것을 하나님께서 십자가 위에 달리신 예수님에게 침묵하실 것의 모형으로, 에스더와 모르드개를 그리스도의 모형으로 보는 것 등이다.[49]

홀베르다(Holwerda)는 모형화의 위험성을 경고했다.

"억지로 과거와 현재의 평행 관계를 만드는 것(Forcereude Paralleli-sering)은 각 본문을 어떤 도식 속에 짜 맞추는 것으로 도식주의(Schematisme)를 면치 못할 것이다"[50]라고 했다. 모세가 마라의 쓴 물에 던진 나무를 십자가로 보는 것은 성경의 구속사적인 면을 전혀 생각지 않는 또 하나의 우화적(Allegorical) 해석 방법인 것이다.[51]

---

49) Ibid., p.83.
50) B. Holwerda, p.112.

모형적 해석 방법(Typology) 자체만으로 그리스도 중심의 해석이라고 할 수 없다는 것은 스킬더(Schilder)가 지적한 대로 코란이나 몰몬경을 가지고도 요셉에 대한 그리스도 중심의 설교를 할 수 있기 때문이다. 그래서 스킬더는 모형화에 반대하여 그리스도의 모형을 만들어 내는 것은 제2계명을 어기는 것이라고까지 비판했다.[52] 따라서 판트 피엘(Van't Veer)도 우리는 모형(Type)들을 만들어 낼 권한이 없으며 하나님께서 주신 그대로 우리 자신을 제한하지 않으면 안 된다고 했다.[53] 그러므로 억지로 모형을 만들어 낼 필요는 없다. 하나님께서 계시하신 내용을 수용하되 그 범위를 넘어가지 않도록 힘써야 한다.

---

51) S. Greidanus., p.83.
52) Ibid.
53) Ibid., p.84.

제3장 구속사적 설교의 원리

우선 구속사적인 설교를 말하기 전에 구속사란 무엇인가? 구속사란 하나님께서 예수 그리스도 안에서 인간을 구속하실 것을 계획하시고, 섭리하시고, 온전히 성취하시는 구원의 역사이다. 구속사적 설교에는 하나님께서 죄인을 위하여 하신 일을 원리로 삼는다. 구속사의 중심은 예수 그리스도요, 그 역사를 주관하시는 분은 하나님이시기 때문이다. 성경의 역사적 본문을 가지고 어떻게 설교할 것인가는 설교신학 또는 설교방법론에 있어서 대단히 중요하다. 그러므로 역사적 본문을 가지고 설교할 때 기본 원리가 무엇인가를 살펴보아야 한다.

1. 오직 예수 그리스도 중심

구속사적 설교는 성경신학적 관점에서 역사에 나타난 하나님의 구속 행위를 선포하는 것이다. 구속사적 설교는 해석의 관점이 인간중심이 아니라 하나님중심(Theo Centric)이며 복음의 내용인 예수 그리스도만을 선포한다.

성경의 역사는 하나님의 구속사이므로 설교는 당연히 하나님의 말씀을 증거하는 것인데 하나님중심이고 그리스도 중심이지 다른 무엇이 있겠느냐고 반문할 수도 있을 것이다. 그러나 구속사적 설교와 대조가 되는 모범적 설교의 고질적인 병 중에 하나가 인간중심적(Anthropo Centric)이다. 전기적 설교(Biographical Preaching) 즉, 아브라함, 베드로, 바울, 마리아 등 인물들의 전기적인 설교들은 인간중심적 설교로 전락하는 경우가 많다.[1]

구속사적 설교는 인간 행위나 인간의 모범적인 행위를 말하는 것이 아니고 하나님의 구속 행위를 선포하는 것이다.

꼴레(Koole)는 "성경은 인간의 역사가 아니고 하나님의 계시의 역사이다(a Historia Revelationis Dei)"라고 말했다.[2] 이 계시의 역사의 중심은 예수 그리스도이다. 그러므로 구속사적 설교는 하나님중심 설교(Theo Centric Preaching)로서 예수 그리스도를 선포해야 한다. 그러나 설교자는 반드시 그리스도를 선포해야 한다는 분명한 사실이 실제에 있어서는 무시되고 망각되어진다. 혹자는 결론부분에 가서야 겨우 그리스도를 언급한다. 또는 본문이 그리스도의 사역을 언급하지 않았다고 하여 처음부터 그리스도를 선포하는 것을 부담스럽게 여긴다. 우리는 예수 그리스도를 선포해야 한다. 성경의 일관성 있는 구조는 구속사의 구조(the Structure of Redemptive History)이기 때문이다. 성경은 예수 그리스도를 증거한다.

기독교의 설교의 특징은 "구원하시고 거룩하게 하시는 그리스도의 충만한 임재에 있다"고 아담스(J. E. Adams)는 강조하였다.[3] 예수 그리스도가 설교의 중심에 계시지 않으면 안 된다는 것이다. 성경은 하나님이 그리스도 예수 안에서 우리에게 무엇을 해 주셨는지 말하고 있다. 이것을 선포하는 것이 구속사적 설교요, 성경적인 설교이다. 이 복음이 들려질 때 믿음이 일

---

1) Ibid., pp.65-69.
2) 정성구, 「개혁주의 설교학」 p.370.
3) J. E. Adams, <u>Preaching With Purpose</u> (Grand Rapids: Baker Book House, 1982), p.147.

어나는 것이다.

훅스트라(Hoekstra)도 그리스도만을 설교해야 한다고 강조했다.

"그리스도가 없는 설교는 설교가 아니다. 죽었다가 다시 사신 그리스도와 무관한 설교는 말씀의 사역이 아니다"[4] 훅스트라 자신도 구약의 역사적 본문에서 그리스도를 찾는 것이 쉽지는 않다고 인정한다. 그러나 많은 경우에 있어서 본문에서 부차적인 요소를 내세움으로 말미암아 주된 요소가 뒷전으로 물러가고 그리스도를 어둠 속에 머물게 하는 위험이 있었던 것을 지적하고 있다.

어떻게 하면 그리스도 중심적 설교를 할 수 있는가? 여기에 대해서 구속사적인 설교 방법은 원리적인 해답을 제시할 수 있다. 왜냐하면 성경의 일관성 있는 구조는 바로 구속사적 구조로서 점진적인 계시의 과정으로 그리스도를 증거하고 있기 때문이다. 다른 어떤 방법으로는 우리의 설교가 그리스도 중심적이 되게 할 수 없다고 클라우니(Clowney)는 강변하였다.[5] 어떻게 역사적 본문에서 그리스도와의 관계성을 찾을 수 있는가? 하는 문제는 실제적으로 부딪히는 난제가 아닐 수 없다.

모든 역사적 본문에서 그리스도를 드러내 보여주고 나타낸다는 사실은 참으로 복된 일임에는 틀림이 없으나 바로 여기서 문제에 직면하게 된다고 모범적 설교자들은 토로한다. 이 중요한 점에 있어서 설교학은 아무런 가치 있는 성과가 거의 없었다고 헤이저(Huyser)는 말하면서 구속사적 입장에 대하여 비판하기를, 구약의 역사적 본문을 가지고 그리스도를 설교하는 방법을 학적으로 연구하여 제시해 보라고 하였다.[6]

이에 대하여 크레이다누스(Greidanus)는 그리스도 중심적 설교를 할 수 있는 방향을 학자들의 견해를 들어서 제시하고 있다.

Schelhaas는 창세기 3: 15의 약속을 그리스도 중심적 설교를 위한 기초와 출발점으로 본다. 왜냐하면 원시 복음인 이 구절은 구약의 역사적 본

---

4) S. Greidanus, p.141.
5) E. P. Clowney, pp.74-75.
6) S. Greidanus, p.141.

문에 있어서 그리스도 중심적 이해를 위한 기초를 제공하고, 구약 전체의 유기적 통일성 가운데 제시된 메시야적 예언이기 때문이다.[7]

판 데이크(D. Van Dijk)는 역사적 본문을 가지고 그리스도 중심적 설교를 하는 법칙에 대하여 말하기를 "그 역사 속에서 그리스도의 오심을 내다보면서 설교하는 것이다. 이 작업은 구약에서 베들레헴까지 연결되는 선을 발견하는 것이며, 여인의 후손, 실로, 큰 선지자, 다윗의 자손과 그리고 평강의 왕을 보는 것이다"[8]라고 하였다. 물론 이 방법이 구약 본문에서 그리스도를 향하는 선을 임의대로 긋는 무리한 연결을 허용하는 것은 아니다. 그럼에도 불구하고 모범적 설교자들은 그리스도 중심적인 설교를 만들기 위한 방법으로 구약의 역사적 본문과 베들레헴이나 골고다를 직접 연결시키고, 본문의 사건과 그리스도의 생애 가운데서의 사건과 비교를 주저하지 않는다. 여기에 알레고리(Allegorical)의 위험이 있다. 그래서 크레이다누스(Greidanus)는 그리스도 중심적 설교의 개념을 바로 정립할 필요성을 말한다. 이 개념이 오해되어서는 안 되는 사실을 강조하면서 그는 그리스도 중심적 설교가 성육신하신 그리스도를 향하는 선(線)에 의해 결정되는 것이 아니라고 했다.[9]

홀베르다(Holwerda)는 마술적으로 모든 본문을 십자가와 성육신하신 그리스도에게로 선을 긋는 전통적인 습관을 전적으로 반대했다.[10] 그리스도는 하나님의 계시의 충만을 의미하는 것으로 보여야 한다. 그리스도는 신구약 전체를 걸쳐 행진하시는 영원하신 분이며 역사 위에 계시면서 태초부터 종말까지 일하시는 분이다. 그분은 또한 아버지와 성령과 함께 하나이시며 영원한 로고스이시다.[11]

스킬더(K. Schilder)는 "설교들 가운데는 예수 그리스도 자신보다 그의 주

---

7) Ibid.
8) Ibid.
9) Ibid., p.142.
10) Ibid., p.144.
11) Ibid., pp.144-146.

변 인물들에 대해서 주된 관심을 갖고 설교하는 사람이 많다. 예를 들면 유다, 베드로, 빌라도, 헤롯, 마리아들에 관하여 특히 그들의 내적인 갈등과 위로, 때로는 완악한 마음 등에 관한 이야기가 부각되는 반면에 가장 중요한 것은 잊혀지고 있다. 즉 하나님께서 독생자에게 무엇을 하셨고 그리스도께서 무엇을 하셨는지를 설교해야 한다. 그러므로 사람이 아니고 그리스도께서 중심이 되어야 한다"12)고 말한다.

성경의 역사는 하나님의 구속사이므로 당연히 하나님을 중심으로 한 것이어야 하며 하나님 우선의 시각으로 접근해야 한다. 물론 이 말은 인간의 반응을 무시하라는 것은 아니다. 성경에 기록된 역사에는 하나님과 인간 사이의 교제를 보게 된다. 하나님은 세상을 창조하시고, 인간을 세상에 살도록 하셨다. 하나님은 인간에게 언약을 주시고 인간은 하나님 앞에 살도록 했으나 인간은 하나님의 명령을 어김으로 저주 아래 있게 되었다. 그러나 하나님께서는 인간에게 구원을 약속하시고 여러 모양으로 하나님의 구원을 역사 속에 나타내신다. 그리고 하나님은 약속을 성취하시고 예수 그리스도를 세상에 보내시고, 구속을 완성케 한다.

여기에 대한 인간의 반응은 두 가지인데 하나는 그리스도를 영접하는 사람들이고, 다른 부류는 그리스도를 배척하는 사람들이다.13)

이와 같이 성경에 기록된 역사를 볼 때 두 가지 극점이 있는데, 곧 하나님과 인간이다. 이러한 구속의 역사에서 하나님은 항상 앞서 나오고 하나님이 주도권을 가지며 구원을 이루어 나아가시는 것이다. 이러한 하나님의 구원 운동에 대한 인간의 반응은 여러 모양으로 나타난다. 즉 믿음, 용기, 신뢰 또는 불신앙, 불순종, 화, 복 등이다.14) 또한 하나님과 인간관계에 있어서 하나님은 항상 앞서 가시며, 전적으로 그의 의지대로 구원을 이루어 가시는 것이다. 그러므로 성경은 단순히 어떤 개인의 전기나 국가의 흥망성쇠

---

12) Ibid., p.40.
13) 고재수, pp.195-196.
14) Ibid., p.196.

를 다루는 책이 아니다. 그것은 하나님의 구속의 역사요, 설교할 때 당연히 하나님과 인간에 대하여 말해야 한다. 그러나 설교자는 인간을 출발점으로 삼아서는 안 된다는 것이다.[15]

무엇보다도 먼저 역사적 본문에서 하나님께서 계시하고자 하시는 구원의 의미를 명쾌하게 드러내야 한다. 왜냐하면 기록된 역사는 하나님의 행동으로부터 묘사되고 그 범위 안에서 인간적인 반응이 나타나기 때문이다.[16]

예를 들면 구약의 역사적 본문을 가지고 설교할 때 일차적으로 물어져야 할 것은 하나님이 무엇을 행하시고, 하나님이 무엇을 원하시며, 하나님이 무엇을 의도하시는가를 생각해야 한다. 이 원리는 신약에서도 동일하게 적용되는 것이다. 가령, 복음서에서 예수님과 많은 사람들이 접촉하게 된다. 이때에도 예수님과 예수님의 말씀과 사역이 중심이 되어야 하며 더 나아가서 하나님께서 그리스도 안에서 어떻게 자기를 나타내시며 구원을 성취하시는가를 먼저 앞세워야 한다. 사람이 예수님 앞에서 어떻게 행동해야 하는가를 적용하여 오늘 우리의 삶의 원리로 만들어 내는 것은 곤란하다. 어떤 인물의 성격이나 삶을 말하기보다는 하나님께서 그 인물을 통해서 무엇을 하셨는가에 초점을 맞추어야 한다.

이런 맥락에서 보면 요한 칼빈(J. Calvin)도 구속사적 설교의 의미를 잘 파악하고 있었다고 볼 수 있다. 그는 말하기를 "성경은 의심할 바 없는 진리이지만 모세가 위대한 웅변가였다거나 이사야가 위대한 인물이었다는 것을 말하지는 않았다"[17]고 했다. 칼빈의 입장은 구약의 인물과 사건을 통해서 오직 하나님께 영광과 존귀를 돌릴 뿐 인간은 다만 성령의 도구라고 말했다. 설교자는 인간의 무슨 기호에 맞추는 것이 아니라 주께서 말씀하신 것을 전파하는 것이라고 칼빈은 생각했다. 칼빈의 설교는 언제나 하나님중심적(Theo Centric) 신학의 틀 위에 세웠다.[18]

---

15) Ibid.
16) Ibid.
17) 정성구, "구속사적 설교의 원리와 방법", 「신학지남」 제54권 4집 겨울호 (1987), p.31.

2. 구속사의 역사적 통일성, 점진성의 원리

구속사는 그 본질적 요소로 역사성(Historicity)을 가지고 있다.

왜냐하면 구속사는 역사 속에서 역사와 더불어 역사를 통하여 전개되어지는 구원 역사이기 때문이다.[19] 하나님은 그의 구속의 계획을 역사 속에서 이루어 가신다. 구속사적 설교란 하나님께서 당신의 구원 운동을 구체적인 역사 가운데 진행시켰다는 것을 파악해야 한다. 하나님의 구원 운동은 세속 역사까지도 그의 구속의 목적을 위해서 사용하신다. 그러기에 구속사를 올바로 이해하기 위해서는 역사를 바로 아는 것이 중요하다. 그러면 구속사란 역사와 어떠한 관계를 갖는지 역사에 대한 이해가 필수적이다. 그런데 여기서 간과할 수 없는 것은 역사를 강조한다는 것 자체가 우리가 말하는 구속사적인 의미와 같은 것인가 하는 것이다.

예를 들면 기독교 신앙을 순수 역사적 방법으로 연구할 것을 촉구하던 때가 있었다. 소위 계몽주의라고 일컬어지던 18세기와 19세기로서 헤겔(Hegel)의 역사주의와 슐라이엘마허의 자유주의의 감화 아래에서는 지금까지의 전통적인 방법이 거부되었다.[20] 저들의 방법론의 사상적 기초는 상대주의였고, 역사비평적 방법이었다. 이 사람들의 태도는 이성 만능주의로서 초자연적인 것과 영적인 것은 모두 거부되어 기독교의 본질에서 이탈했다. 비록 저들이 학적인 면에서는 성과를 거두었을지라도 성경의 권위와 신학적 개념들을 무너뜨림으로 말미암아 기독교 신앙의 본질을 놓치게 하는 결과를 가져왔다.[21]

---

18) Ibid.
19) C. 트림프, 「설교학 강의」 고서희, 신득일, 한만수 공역(서울: 기독교문서선교회, 1986), p.69.
20) 김의환, 「도전받는 보수신학」(서울: 생명의 말씀사, 1978), pp.14-16.
21) E. P. Clowney, pp.9-11.

그래서 구속사가 역사이지만 기독교 신앙의 본질을 외면한 역사비평적 방법으로는 구속사의 진정한 의미가 밝혀질 수 없다. 구속사는 성경적 신앙에 입각한 성경적 역사관으로로라야 그 진정한 의미가 밝혀질 수 있는 것이다.

또 다른 하나의 역사 이해는 20세기 초에 칼 바르트(K. Barth)를 중심한 초역사적인 방법론(Supra Historical Method)이다. 이것은 합리주의와 자유주의 역사적 방법에 대한 반동으로 일어난 것이지만, 바르트는 역사를 거의 변증법적 원리에 의하여 Historie와 Geschichte로 구분하였다.[22] Historie는 객관적으로 실증할 수 있는 과거의 모든 사건들을 가리키고, Geschichte는 나에게 실존적으로 부딪치는 일들 즉 나에게 어떤 요구를 하여 결단을 촉구하는 일들을 가리킨다고 하였다. 그에 의하면 예수의 부활은 Geschichte에 속하고 Historie에 속하지 아니하므로 Historie의 영역은 기독교인에게 무가치하며 예수는 Geschichte의 영역에서 믿음으로 만나야 한다고 하였다.[23]

그러나 이런 것들은 이원론(二元論)적인 방법이며 무분별한 역사비평적 방법의 공격에서 구속사를 구하러 나타난 정의의 기사처럼 보였던 바르트의 초역사적인 방법론은 구속사를 역사 위에 분리시켜 기독교를 구름 위에 세워진 공중누각과 같은 초월 종교로 만들어 버린 셈이다.[24]

이러한 초역사적 방법론은 어떤 의미에서는 설교의 적용 면에 있어서 장점처럼 보인다. 실제로 오늘날 설교 가운데 적용의 문제를 많이 다루고 있다. 예를 들면, 강해설교를 할 때 적용을 많이 다룬다. 이때는 칼 바르트의 실존적 역사 이론은 상당히 매력 있게 보일 것이다. 물론 성경에 있는 역사

---

22) 김의환, pp.18-19.

23) 간하배, 「현대신학해설」(서울: 개혁주의신행협회, 1974), pp.25-26. 바르트는 그의 변증법적 방법론을 실존주의 철학자 키에르케고오르에게서 도입하여 복음 진리를 적절하게 이해하고자 하였는데 결과적으로 진리의 개념을 왜곡하고 더 나아가서는 기독교의 복음을 파괴하기에 이르렀다고 Harvie Conn은 지적한 바 있다. 바르트는 창세기 3장의 내용을 역사로 보는 것이 아니라 인생의 죄와 자만의 현실을 가리키는 상징으로 보며, 그리스도의 고난과 부활을 신화라고 부른다.

24) 김의환, pp.18f.

적 사건이 오늘날 나의 실존적 정황과 무슨 관계가 있는가를 묻는 것은 중
요하다. 그러나 매력적인 적용을 위하여 구속사의 역사적 기초를 무너뜨리
고 진리의 객관적 권위를 자기체험적인 주관적 차원의 것으로 격하시키는
것은 기독교 신앙 자체를 붕괴시키는 일이다.[25] 바로 여기에서 설교신학의
중요성이 요청되는 것이다.

성경의 역사를 볼 때 반복될 수 없는 단회성을 띤 사건을 만나게 된다.

예를 들면, 하나님께서 에덴동산을 창조했으나 그것은 없어져 버렸다. 처
음 세계는 홍수로 멸망되었다. 이런 수많은 성경의 사건들은 우리가 다시
그 상황으로 되돌아갈 수는 없다. 그러나 우리는 현재의 상황 속에서 과거
의 사건을 돌아보고 그 사건이 우리에게 무엇을 의미하는지 물어볼 뿐이
다.[26] 또 한 예로, 예수님의 탄생은 되풀이되지 못한다. 그럼에도 불구하고
어떤 설교자가 말하기를 오늘날 그리스도가 우리의 마음속에 태어나야 한다
고 설교할 수는 없다. 그러나 예수 그리스도의 탄생이 오늘 우리에게 결정
적 사건이 된다. 그러므로 예수 성탄절 설교는 예수 그리스도의 탄생 사건
이 우리에게 무엇을 의미하는지 분명히 설명해야 하고 그 의미대로 그리스
도를 믿도록 해야 구속사적 설교라고 할 수 있다.

이 부분에서 주장하고 싶은 것은 성경의 구속사는 통일성과 점진성을 동
시에 가진다는 것이다. 왜냐하면 구속사적 설교를 하는 설교자는 항상 신구
약성경의 하나님 말씀이 모두 역사성을 띠면서도 통일성과 점진성을 가진다
고 믿는다. 성경의 통일성을 바로 볼 수 있는 방법은 구속사적으로라야 가
능하다. 구속사는 성경의 일관된 구조로서 통일성을 가진다. 다시 말하면
성경은 무수히 많은 역사의 조립이나 편집이 아니고 오직 하나의 역사 즉,
하나님의 구속의 역사가 있을 뿐이다. 구속사는 여러 개의 토막으로 나뉘고
분리될 수 있는 것이 아니라 '하나'(Unit)이다.

여기에 대해서 스킬더(Schilder)의 이론은 이렇다.

---

25) 김영구, "구속사적 설교론", (신학석사학위논문, 총회신학대학교대학원, 1985), p.28.
26) 고재수, p.199.

구속사의 통일성의 문제는 항상 설교와 연관되어 있다. 개혁주의 성도들은 믿기를 하나님의 섭리는 그의 의지로 모든 것을 계획하셨다. 그리고 그 계획을 예수 그리스도 안에서 온전히 성취시키고, 그리스도 안에서 자신을 계시하시고 그리스도 안에서 세상을 구속하셨다. 그러므로 역사는 하나의 통일성(Unity)을 가지며 그 통일성은 구속사의 통일성을 나타내는 것이다. 예수 그리스도는 구속사의 중심이시다.

구속사의 통일성의 두 가지 근거로 크레이다누스(Greidanus)는 하나님의 '영원하신 뜻'과 '그리스도'를 들면서 말하기를 "구속사의 중심은 그리스도시라는 것을 누구도 부인하지 못하며 더 나아가서는 이 통일성의 최종 보루는 바로 하나님의 뜻 안에 있다. 한번 일어났던 사건의 배후에는 모든 것을 작정해서 행동으로, 알파에서 오메가로 창세기 첫 장에서 계시록의 마지막 장까지로 이끌어 가시는 하나님의 뜻이 서 있는 것이다"[27] 역사의 배후에는 하나님의 작정과 섭리가 있고 창세기 1장부터 요한계시록 22장까지 일관된 하나님의 구속 운동의 통일성을 갖고 있다.

그러나 문제는 구속사의 통일성 문제를 교리적으로 또는 신학적으로 인정하면서도 강단의 설교에서는 전혀 적용이 안 되는 데서 오늘의 설교신학에 문제가 있다고 본다. 앞에서 언급했지만 구속사는 역사 속에서 여러 가지 사건을 동반하면서 점진적으로 발전되어 간다. 하나님의 계시의 점진성을 깨닫는 것은 성경신학의 중요한 과제이다. 하나님의 계시는 단번에 신학사전의 형태로 주신 것이 아니라 구속의 과정을 동반하면서 점진적으로 주어졌다. 하나님은 역사 안에서 당신의 목표를 점차로 접근하신다.

스킬더에 의하면, "역사는 하나님의 작정의 성취이다. 그 작정은 영원하다. 그러나 그 전개는 시간 안에서이다"라고 했다. 하나님께서 시간 전에 결정하신 사역계획이 시간 안에서 성취된다는 말이다. 여기서 "시간 안에서의 지속적인 실현"이란 구속사에서의 점진을 말한다. 이 점진은 통일성과 분리

---

27) S. Greidanus, pp.123-124.

되어서는 안 된다. 그것은 통일성 안에서의 점진이며 점진성 안에서의 통일
성이다. 구속사는 실제 역사이고 통일체이며, 점진들이다. 동시에 점진하는
이 하나(a Unit)의 역사는 예수 그리스도를 중심으로 하며 하나님의 영원
하신 작정에 닻을 내리게 된다.

하나님의 구속사에 있어서 통일성과 점진성을 전제하고 학문적 발전을 시
켜 나가는 것을 성경신학이라고 한다. 성경신학의 대가인 게르할더스 보스
(Geerhardus Vos)는 성경신학은 성경 속에 나타난 하나님의 자기계시의
과정을 취급하는 하나의 해석신학으로 이해하였다.28) 여기서 계시의 과정
이란 구속사의 점진성을 뜻한다.

클라우니(Ed. Clowney)도 "계시의 발전을 추구할 때 성경신학은 성경 원
저작의 단일성과 하나님의 구원과 계시 사역의 유기적 연속성에 근거를 두
고 있다. 구약의 성도들은 메시야의 날을 갈망하면서, 그들은 그것을 보고
기뻐하였던 것이다"29)라고 말했다. 구속사적 설교 방법이란 다른 말로 성경
신학적 설교 방법이라고 해도 무방할 것이다. 성경신학적 설교 방법은 성경
본문을 설교할 때 이러한 원리들을 적절히 사용하는 것을 뜻한다. 즉 성경
신학적 설교 방법은 성경 본문의 의미를 명확히 해 줄 뿐만 아니라, 그 중
심 메시지를 강조하고 건전한 적용을 가능케 도와준다.30)

성경신학은 구속사적인 접근을 전제하고 성경의 역사적 통일성과 점진성
을 포함하는 것이다. 크레이다누스는 이 원리를 다음과 같이 설명한다. 즉
하나님은 하나(Unit)의 역사 안에서 한 역사를 통하여 그의 목적으로 가까
이 다가서신다. 각 시대와 시대로 이루어지는 구속사는 매 시대마다 새로운
무엇이 있기 마련이므로 그래서 발전이 있는 역사인 것이다. 계시는 하나님
의 작정 속에서 그의 계획을 따라 시간 속에서 전개되는데, 외면에서 핵심

---

28) Geerhardus Vos, <u>Biblical Theology, Old and New Testamant</u> (Grand
    Rapids: Wm B, Eerdmans Publishing Co., 1975), p.5.
29) Edmund P. Clowney, p.87.
30) Ibid., p.90.

으로, 새벽에서 정오로 힘 있게 발전하고 있다. 또한 성경 속에서 구약에서 신약으로, 그림자에서 실제로, 희미한 빛에서 밝은 빛으로, 예언에서 성취로, 모형에서 실체로, 이 시대에서 다음 세대로 점진하는 계시의 발전성을 가진다.[31] 구속사의 이런 특성 때문에 하나님의 계시는 시대마다 천편일률적인 모습이 아니라 특수한 모습으로 나타난다.

세대주의자들은 이러한 점을 세대주의론(Dispensationalism)을 통해 지나치게 증명하려고 하다가 성경의 유기적이고 통일적인 성격을 바로 깨닫지 못하는 실수를 범하고 말았다.[32] 그러나 하나님의 계시는 시대적인 구조를 갖고 있어서 각 시대에 따른 계시의 발전의 성격과 내용을 가지고 있는 것이다.

성경의 역사적 본문을 바로 취급할 수 있는 근거는 다름 아닌 하나님의 구속의 점진성에 있다. 매 역사적 본문마다 똑같은 인물 중심의 도덕적 설교로 흐르지 않고, 그 시대적 계시 구조의 체계를 고려하면서 그 본문의 특유한 메시지를 나타낼 수 있게 하는 것은 바로 구속사의 점진성의 이론이라는 말이다. 이런 맥락에서 하나님의 말씀을 설교할 때 바른 설교가 가능하다고 본다. 구속사적 접근의 설교 방법은 개혁주의 신학의 본질이며 동시에 성경의 요청이라고 볼 수 있다.[33]

3. 역사의 중심으로서의 구속사

'구속사적'(Redemptive-History)이란 말 속에는 역사적 특징뿐만 아니

---

31) S. Greidanus, p.124.
32) 간하배, p.147.
33) Edmund P. Clowney, p.15.

라 구원의 특징이 있다. 하나님의 말씀은 역사적 특징을 가질 뿐만 아니라 구원의 특징을 가진다. 성경은 하나님과 그의 백성들이 관계하는 중에 일어난 사건 기록이 아니다. 하나님께서 택한 민족을 계시의 수용자로 삼고 그들에게 역사를 통해서 구원의 길을 제시한 것으로 기록되었다.[34]

하나님의 구원의 말씀은 전체 역사를 통해서 그 중심이 된다.

창세기의 원시 계시인 창세기 3장 15절에서부터 구원의 계시는 더욱 풍성해져 가고 있다. 하나님께서는 족장들에게 구원을 약속하고 그 구체적인 방법으로 피 흘리는 제사를 통해서 속죄함을 받을 수 있음을 계시하셨다. 하나님은 다윗 왕을 통해서 메시야가 올 것을 선언하시고 구약의 선지자들은 이 하나님의 약속을 바라보며 신앙하도록 백성을 가르친다. 예수 그리스도는 약속의 성취자로서 세상의 구원자로 오신 것이다.

그러므로 구속사의 중심은 예수 그리스도이다. 그렇다고 해서 설교자가 모든 설교마다 천편일률적으로 그리스도를 언급한다는 뜻은 아니다. 다만 구속사적 설교의 방법은 어떤 역사적 본문을 가지고 설교하든지 하나님의 구속의 계획과 예수 그리스도 안에서의 구속과 어떤 관계가 있는지를 명백히 드러내야 한다. 설교자가 이런 접근을 시도할 때 하나님께서 역사를 통해서 어떻게 하나님의 구속을 이루어 가셨는지를 확실히 깨닫게 된다.

성경에서 구원이란 단순히 죄의 용서나 영생에만 국한되지 않는다.[35] 죄가 영혼에 제한되지 않고 삶의 전 영역에 영향을 미치는 것처럼 구원도 기독교인의 생활의 전 영역에 나타나야 한다.[36]는 것이다. 우리가 구원에 대해서 말할 때 확실한 것은, 구원은 하나님께 속해 있다는 것이다. 그러므로 구원을 말할 때에는 하나님의 진노와 심판도 하나님의 사랑과 더불어 선포해야 한다. 이는 훅스트라(Hoekstra)가 주장한 대로 두 가지 원리인 '오직 말씀만'(Scriptura Sola)과 '성경전부'(Scriptura Tota)이다.[37] 하

---

34) 고재수, p.200.
35) Ibid., p.201.
36) Ibid.

나님의 공의와 하나님의 사랑이 동시에 선포되어야만 하나님의 구원을 바로 선포할 수 있다. 하나님의 구원의 사랑을 증거하려는 자는 하나님의 심판과 진노도 반드시 언급되어야 한다는 것이다. 왜냐하면, 우리 인간은 구원에 대한 하나님의 말씀을 듣기 전에 하나님의 진노가 그 위에 머물러 있기 때문이다. 하나님의 말씀 중에는 죄를 미워하시며 진노하시는 모습을 볼 수가 있다. 그가 죄를 미워하시고, 인간을 구원하셔야 하겠기에 예수 그리스도를 십자가에 내어 주셨다.

오늘날 한국 교회들 중에는 공의의 하나님에 대한 설교는 점점 찾아보기가 힘들고 사랑과 축복의 하나님만이 선포되고 있다. 그러나 역사의 중심인 구속사를 선포할 때는 하나님의 진노와 사랑 그리고 하나님의 공의와 은혜가 선포되어야 한다.

---

37) 정성구, 「실천신학개론」, p.124.

제4장 구속사적 설교의 방법

제4장 구속사적 설교의 방법

　앞에서 구속사란 하나님께서 예수 그리스도 안에서 인간을 구속하실 것을 계획하시고 섭리하시고, 성취하신 구원의 역사라고 말했다. 그래서 구속사적 설교는 하나님께서 죄인을 위하여 하신 일을 원리로 삼는다. 구속사의 중심은 복음 자체인 예수 그리스도요, 그 역사를 주관하시는 분은 하나님이시기 때문이다.

　그러면 구속사적 설교 원리에 따라서 성경의 역사적 본문(Historical Text)을 설교함에 있어서 구체적인 방법과 원칙은 무엇인가를 생각하고자 한다.

1. 역사적 본문의 목표

　구속사적 설교를 할 때는 역사적 본문을 기초로 한다. 그렇다면 역사적 본문이란 어떤 의미가 있는가? 역사적 본문이란 역사 속에서 하나님이 하신 일의 선포(Proclamations of God's acts in History)라고 할 수 있다.[1]

그러므로 역사적 본문은 구속사적 설교에 있어서 선포된 역사(Proclaimed History)와 역사적 선포(Historical Proclamation)가 동시에 포함된다.

구속사적 설교라고 해서 그 범위가 좁아지는 것이 아니다. 교의적, 윤리적, 역사적, 심리적 등 여러 방면으로 접근이 가능하다. 다만 구속사적 설교가 역사에 나타난 하나님의 구속 행위를 선포하기 때문에 케리그마적인 성격을 띠게 된다. 교회에 선포된 케리그마는 인간의 행위나 인간의 모범적인 행위를 말하는 것이 아니고 하나님의 행위를 선포하는 것이다. 그러므로 구속사적인 설교는 예수 그리스도를 선포해야 한다. 꼴레(Koole)의 말처럼 성경은 거룩한 인간의 역사(a Historia Sacrorum Hominum)가 아니고 하나님의 계시의 역사(a Historia Revelations Dei)이다.[2) 역사적 본문을 해석할 때 사람들의 전기를 끄집어내어 설교를 하려고 해서는 안 된다. 도리어 인간 구원을 위한 하나님의 구속적인 행위를 선포해야 한다. 예수 그리스도 안에서 인간 구원을 위해 역사를 주관하신 하나님의 구속적인 행위를 선포하는 설교자는 역사적 본문을 매우 신중하게 다루어야 한다.

2. 역사적 본문 선택

역사적 본문을 선택함에 있어서는 신중한 주의가 요청된다.

페인 호프(Veenhof)는 "말씀의 사역자가 해야 할 유익한 적용은 본문 선택이다"[3) 라고 하면서 선택의 중요성을 강조했다. 구속사적 설교를 하든 모범적 설교를 하든 성경으로부터 설교 본문을 선택하는 것은 필요 불가결

---

1) S. Greidanus, p.215.
2) Ibid.
3) Ibid., p.169.

한 것이다. 역사적 본문을 설교할 때 분명히 하나의 단위(unit)가 되어야 한다. 즉 역사적 본문은 잘 짜여진 단위여야 한다.[4] 그 다음은 역사적 본문을 선택할 때는 여러 개의 다른 본문을 혼합해서는 안 된다. 그것은 역사적 사건마다 정황이 다르기 때문이다. 물론 병행구의 본문이나 구약의 예언이 신약에서 성취된 내용들을 나란히 읽는 것을 부정한다는 뜻은 아니다.

다만 구속사적 입장에서의 본문 선택은 문맥에서 몇몇 요소를 격리시키는 것이 아니고 완전한 단위를 본문으로 정한다. 모든 본문이 모든 상황에 맞지 않기 때문에 본문과 회중의 요구, 이 양자를 정당하게 다룰 수 있다면 본문의 선택은 조심스럽게 해야 한다.

3. 역사적 해석
(Historical Interpretation)

홀베르다(B. Holwerda)는 역사적 해석을 종합적 해석이라고 한다.[5]

역사적 해석은 성경이 쓰일 당시의 역사적 배경 가운데서 본문을 해석하여 본문의 특유한 의도를 결정하고, 본문의 목적, 저자의 특별한 목적을 발견하는 것이다.[6] 그러므로 설교자가 성경을 풀어 갈 때, 성경의 저자가 선포했던 그 역사적 상황[7]에다 초점을 맞추는 것이다. 역사적 해석은 역사적 상황 및 배경 가운데서 그 본문의 의미를 결정하려는 것이다.

그것은 오늘날의 상황과 성경 기록 당시의 독자들과는 거리가 있기 마련이

---

4) Ibid., p.218.
5) Ibid.
6) 존 스타트, 「성경연구입문」 최낙재 역(서울: 한국성서유니온, 1975), p.216.
7) S. Greidanus, p.219.

다. 이런 역사적 갭(Gap)은 시대와 장소의 차이, 또는 하나님의 구속사 즉 계시의 점진적 성격으로부터 오는 갭이다. 그러므로 이런 갭을 즉석 적용(Instant Application)으로 무시해서는 안 된다고 크레이다누스(Greidanus)는 지적한다.[8]

그러나 모범적 설교는 성경의 인물과 오늘의 우리와 얼마나 큰 간격이 있는지를 개의치 않고 과거와 현재를 직접 비교하면서 동일시하는 것이다.[9] 성경의 인물의 삶과 오늘의 삶을 동일시함으로 어떤 교훈을 발견하고자 하는 것이다. 이런 역사적 차이점을 없애 버림으로써 쉽게 실존적 설교, 심리적 설교, 영해 설교, 도덕적 설교, 모형적 설교 등이 되어 버린다.

이상의 설교 형태들이 아무리 적용에 강점이 있다고 하더라도 건전하지 못한 설교인 점에서 비판을 면할 수 없을 것이다. 역사적 간격을 무시한 이러한 설교들은 우리 주변에서 흔히 볼 수 있는 것들로서 본문의 의도를 벗어난 설교들이 되어진다.

역사적 해석을 위한 구체적인 방법으로 클라우니(Clowney)는 설교자는 먼저 본문을 성경의 시대 구분과 관련시킬 것을 말한다. 즉 본문을 신학적 시계(Theological Horizon)의 관점에서 어떻게 이해해야 하는 문제이다. 이 신학적 시계(視界)에 관하여 클라우니는 게르할더스 보스(Vos)의 시대 구분 방법을 취하여 설명하고 있다.

창조부터 타락까지의 에덴 시대, 타락부터 홍수까지 노아홍수 이전 시대, 노아홍수부터 아브라함의 소명까지를 노아 시대, 아브라함으로부터 모세까지의 족장 시대, 모세로부터 그리스도까지의 하나님의 신정통치 시대, 이 같은 큰 구분에서 더 나아가 작게 세분할 수 있는 것을 말한다. 성경 안의 각 사건들은 성경 계시의 큰 시대 구분 속에 있을 뿐 아니라 작은 시대 구분 속에 있으므로 설교자는 먼저 본문의 배경 가운데 보이는 보다 가까운 시계(Horizon)를 찾고 그 다음에 그보다 넓은 시대적 구조에 연관시켜 보아야 할 것이라고 하였다.[10]

---

8) Ibid.
9) Edmund P. Clowney, p.92.

이 방법은 문맥적 해석(Contextual Interpretation)의 원리를 시대적 차원에서 적용한 것이라고 하겠다.

클라우니(Clowney)는 예를 들어 설명하기를 엘리사가 나아만을 치유한 사건은 신정왕국이라는 넓은 차원에서 먼저 생각한 후에 엘리사의 사역의 특수한 배경도 고려해야 한다는 것이다. 이렇게 볼 때 엘리야와 엘리사의 사역은 열방을 통해서 선민 이스라엘이 심판당하는 것과 그로 말미암아 이방에게 축복이 임한다는 예언적 주제를 보여준다는 것이다.11)

4. 유기적 해석

구속사적 방법의 해석 원리로서 유기적 해석은 성경 본문의 문맥과 관련을 가지고 있다. 설교자는 설교 본문 중에서 고립된 단어만을 고집할 수 없고 그 본문을 전후한 이야기를 함께 할 수밖에 없다. 그러므로 논리적 귀결은 바로 유기적 해석에 있는 것이다.

크레이다누스(Greidanus)는 유기적 해석의 개념을 단편적 해석(Fragmentary Interpretation)과 대조시켜 설명하였다.12) 단편적 해석은 성경을 여러 가지 요소들의 집합체로 보고 있으나 구속사적 입장은 단일한 목적으로 통일을 이루고 있는 것이다. 그러므로 어떤 본문을 보든지 그것을

---

10) Ibid., p.95.
11) Ibid., p.100. 어거스틴도 신약은 구약 속에 숨어 있고(latent) 구약은 신약보다 가치 없는 것으로 간주하는 사람이 많았다. 예를 들면 슐라이엘마허는 구약 설교는 예수나 사도들에 의해서 인용된 메시야 구절에만 제한되어야 한다는 입장을 가진 사람이었다. 루터가 구약을 근거하여 많은 설교를 했다. 그러나 많은 루터 학자들은 구약을 가볍게 보는 경향이 있다.
12) S. Greidanus, pp.62-63.

하나의 단편(파편)이 아니라 하나님의 계시의 큰 흐름 속에 있는 사건이다.

구속사를 통일적인 하나로 보는 이 단일성의 원리는 성경 본문의 해석과 설교에 있어서 유기적인 방법을 필연적으로 요청한다.

예를 들면 그리스도의 오심에 초점을 맞추고 있는 구약의 계시를 해석할 때 이 점을 지나쳐 버려서는 안 된다. 하나님의 구원 사역은 통일성과 연속성이 있으므로 신, 구약은 상호 유기적으로 연결되어 있다. 그러면서도 예수 그리스도 안에 있는 구속과 계시의 완성을 향한 시대적 점진성으로 말미암아 부분적인 것이 전체적인 것에, 잠정적인 것이 궁극적인 것에, 옛것이 새로운 것에 종속되어 있다.[13]

구속사적인 설교는 성경에 위대한 유기적인 해석을 하게 하고, 통일과 조화를 이루도록 한다.

5. 본문적 주제설교
(Textual-Thematic Preaching)

지금까지 본문설교와 주제설교는 반대 개념으로 생각해 왔다. 그러나 훅스트라(Hoekstra)는 이 상관관계를 잘 조화시켰다.

구속사적 설교는 형식에 있어서 본문적 주제설교라는 형태를 가진다. 이를 바꿔 말하면 구속사적 설교는 본문적 주제설교라는 형식을 가지기 때문에 구속사적 설교가 되어진다는 것이다. 근간에는 본문적 주제설교라는 명칭보다 우리는 이것을 보통 강해설교라고 하고 있다. 그러나 강해설교라는 것이 퍽 다양하게 쓰이므로 본 논문에서는 본문적 주제설교라고 하겠다. 왜

---

13) Ibid., p.227.

냐하면 구속사적 설교는 강해설교의 형식을 따르지만 강해설교가 모두 구속사적인 설교의 방법을 쓰지 않기 때문이다.14)

물론 설교의 최상의 형식으로는 강해설교이다. 그러나 하나님의 구속사의 통일성과 계시의 점진성을 바로 알지 못하면 바른 설교가 되지 못한다. 우리가 본문설교를 해야 한다고 하지만 그 주제가 성경에서 나왔는지 아니면 자기의 사상에서 나왔는지를 문제삼아야 한다. 그러므로 설교자는 어떤 형식에 좌우한다기보다는 설교자가 그 성경 본문에 계시된 구속사의 의미를 명확히 파악하고 있는가에 초점을 두어야 한다.

강해설교는 역사적으로 볼 때 비형식적 분석(Informal-Analytical) 방법과 형식적 종합적(Formal-Synthetic) 방법이 있는데 두 방법은 서로 대조되는 장단점이 있다. 이 두 방법의 장점을 취하여 만든 이상적 방법을 본문설교, 주석설교, 혹은 분석적 종합(Analytic-Synthetic)방법이라고 하며,15) 이것이 바로 여기서 취급하는 본문적 주제설교가 된다.

본문적 주제설교는 성경 본문의 메시지가 주제로 표현되어야 하는데 이것을 위해서 분석적 종합방법이 사용된다.

크레이다누스(Greidanus)는 구속사적 설교의 특징을 본문적 주제설교라고 강조한다. 본문적 주제설교가 요청되는 이유는 설교자들이 설교 본문에 자신의 사상을 너무 쉽게 덧붙이고 자신이 구성한 어떤 틀 속에 짜 넣기 때문이다. 여기서 주제란 무엇을 뜻하며, 본문과 어떤 관계를 가지는가를 크레이다누스는 이렇게 말한다.

먼저 주제는 모든 설교에 있어서 불가결한 것으로서,

첫째, 유기적인 통일성이 있어야 한다.

---

14) Ibid.

15) 정성구는 강해설교의 방법은 비형식적 분석방법과 형식적 종합방법이 있다는 것이다. 비형식적 방법은 성경 내용을 광범위하게 습득하는 데 유리하지만 집중 내지 통일성이 부족한 것이 단점이고, 형식적 종합방법은 교리의 체계화 또는 통일성을 가지지만, 성경해석적이지 못하고 교의화(Dogmatic)될 위험이 큰 것이 단점이라고 그의 「설교학개론」(서울: 세종문화사, 1983), pp.454-461에서 다루고 있다.

둘째, 설교를 듣는 청중들이 잘 이해할 수 있기 때문이다.

셋째, 설교의 한 가지 중심사상이 처음부터 끝까지 일관되어야 좋은 설교가 될 수 있기 때문이다.[16]

그러나 주제설교가 본문설교와 서로 대조(對照)되는 개념으로 사용되는 경향을 어떻게 생각하는가 하는 점이다. 이 주제설교는 스콜라 철학과 합리주의의 영향 아래 본문설교와 대조가 되는 제목설교(Motto-Preaching)가 되었다는 사실을 지적한다. 만약 주제가 본문과 연결을 이루지 못하고 단지 통일성만 가진다면 그 설교는 이상적 설교 즉 본문적 설교와는 거리가 멀다.

본문설교와 주제설교에 대한 관계를 크레이다누스(Greidanus)는 이렇게 말하고 있다.[17]

첫째, 본문은 하나님의 메시지이기 때문에 본문의 주제는 토론될 수 있는 제목(Topic)이 아니고 사랑, 의, 신앙, 소망 같은 개념도 아니고 다만 주장(Assertion)이요, 적극적인 선포라는 것이다.

둘째, 주제는 설교 본문 안에 있는 고유하고 독특한 사상이어서, 본문 안의 모든 사상들, 더 나아가서 설교의 모든 사상들을 함께 묶어 주는 연결 띠라는 것이다. 이와 같이하여 본문의 한 가지 메시지인 주제로 표현되어야 한다는 것이다. 그러나 문제는 사람마다 서로 다른 관점에서 본문을 보게 될 때, 제멋대로 주제를 설정할 때 아무런 규제가 없다는 점이다.

그래서 크레이다누스(Greidanus)는 다음과 같은 요건을 덧붙인다.

셋째 요건으로서, 본문이 선포하는 메시지는 그 설교의 주제가 되어야 한다는 기본적인 전제를 하고 그 주제는 어디까지나 성경 저자의 관점에서 형성되어야 한다는 것이다. 따라서 그 본문의 성격, 본문의 통일된 사상, 저

---

16) S. Greidanus, p.152. 여기서 말하는 주제설교란 어느 본문이 가진 핵심 주제사상이 그대로 전해져야 한다는 관점에서 주제설교라고 말한다. 흔히 말하는 주제설교, 본문과는 관계도 없는 특정 주제를 중심으로 하는 설교를 말하는 것이 아니다.
17) Ibid., p.226.

자의 의도, 이 모든 것이 설교의 주제로 모아져야 한다는 것이다. 여기서
본문과 주제가 일치점을 갖게 되는 것이다.[18] 이러한 의미에서 주제설교는
본문설교이기 때문에 그 본문의 의도 안에서 제한을 받는다. 그래서 구속사
적 설교는 본문적 주제설교라고 하는 이유가 거기에 있다.

6. 상황적 설교
(Relevant Preaching)

지금까지 구속사적 설교를 연구해 오면서, 어떻게 성경의 구속사적인 진
리를 적용할 수 있겠는가 하는 의구심이 생긴다.

오늘의 설교의 위기를 말하는 Clyde Reid도 "오늘의 설교는 대부분 듣
는 사람의 형편과 무관(Irrelevant)하다"[19]고 지적하고 있다. 그러나 구
속사적 설교는 상황성을 가진다. 설교자는 본문의 해석은 말할 것도 없고
설교자가 성도들이 처해 있는 상황을 생각하면서 본문의 메시지와 현재 여
기를 생각하지 않을 수 없다.[20] 설교자는 '그때와 거기', 그리고 '현재와 여
기' 사이의 연속성과 불연속성을 잘 파악해야 한다는 것이다.

구속사적 설교가 상황적 설교의 방법이란 말의 뜻은 이렇다.

첫째, 삼위 하나님은 언제나 상황적(Relevant)이다. 설교는 이미 비상
황적이 되어 버린 과거의 역사적 인물을 전파하는 것이 아니라 어제나 오늘
이나 영원토록 살아 계신 삼위 하나님을 증거하는 것이다. 역사와 인간은

---

18) Ibid., pp.226-227.
19) C. 라이드, p.3.
20) S. Greidanus, p.229; J. Firet, <u>Het Agogisch Moment in Het Pastoral
    Optreden</u> (Kampen: Kok, 1968), p.342.

옛것이지만 그 역사를 주장하시는 하나님은 같은 하나님이며 살아 계신다. 바로 그러한 상황을 설교하는 것이 구속사적 설교의 방법이다.

둘째, 하나님의 말씀은 상황적이다. 그 이유는 "하나님의 말씀은 살았고, 운동력이 있을" 뿐 아니라(히4: 12-13), "모든 성경은 하나님의 감동으로 된 것으로 교훈과 책망과 바르게 함과 의로 교육하기에 유익"하기 때문이다. 성경은 한 시대의 기록으로 그치는 것이 아니고 지금도 여전히 생명의 말씀이다. 그러므로 성경은 상황성을 가진다. 비록 성경이 특정 시대의 옷을 입었지만 모든 시대 모든 사람들에게 주시는 말씀이기 때문에 상황성을 가진다는 것이다. 성경은 하나님의 말씀이며 은혜의 방편이다. 성경은 객관적인 것도 주관적인 것도 아니다. 하나님의 말씀은 우리의 삶에 지배적인 규범이다. 그리고 성경은 살아 계신 하나님의 말씀으로서 케리그마요, 호소(Appeal)이며 영혼을 살리는 생명의 말씀이다. 성경은 하나님의 말씀인 만큼 하나님과 분리할 수 없다. 예수 그리스도는 말씀 안에 현존하시며, 성경 안에서 오늘도 그의 백성에게 말씀하신다.[21]

셋째는, 하나님의 계시를 증거하는 설교 자체가 상황적이다. 왜냐하면 설교는 하나님께서 제정하신 방법이기 때문이다. 하나님은 오늘도 설교를 통해서 듣는 이들로 하여금 예수 그리스도를 믿게 하고 구원하시는 분이 바로 하나님 자신이라는 사실을 확신해야 할 것이다.[22] 이 사실을 설교자나 설교를 듣는 자들이 함께 깨달을 때 큰 은혜의 역사가 일어날 것이다. 구속사적 설교의 상황성은 근본적으로 성경 본문과의 관련성에서 나온다. 선포되는 말씀이 상황성을 가지는 것은 그 설교가 성경의 상황적인 계시로부터 나왔기 때문이다. 구속사적 설교가 본문, 주제, 강해 형태로서 성경의 메시지를 확보하고자 하는 것은 바로 여기에 있을 것이다. 여기에서 개혁자들의 '오직 성경(Sola Scriptra)'이 절실히 깨달아진다.

---

21) Ibid., pp.153-154.
22) Pirre Ch. Murcel, <u>The Relevance of Preaching</u> (Grand Rapids: Baker Book House, 1977), p.61.

만일 설교자나 듣는 신자들이 설교가 성경 본문이 의미하고 있는 메시지라는 확신이 결여되면 설교의 상황성은 떨어지게 되고 만다.[23] 크레이다누스(Greidanus)는 설교를 여러 방면으로 정의하고, 관찰하면서 어떻게 상황성을 가지는가를 보여준다.

설교란 구속사의 한 순간에 대한 이야기가 아니라 예수 그리스도에 의해서 이루어진 구속사 속에서의 한 순간이다. 그래서 설교란 그 본문의 내용이 구속사 속에 있는 한 사건(a Event)임을 보이는 말이다.[24] 그래서 설교는 하나님의 구속 활동의 연장(Continuation)이라고 표현하기도 한다.[25]

설교는 성경의 본질에 참여한다. 그래서 말씀 사역에는 말씀 자체의 권위와 영광이 있다. 이유는 설교는 구원의 본질을 제시할 때 듣는 자에게 능력 있는 사건(Powerful-Happening)이 일어난다. 메시지는 결코 우리 밖의 객관적 진리가 아니므로 항상 우리 삶을 향하고 말씀하기 때문이다.

또한 설교는 적용적 해석이므로 상황성을 가진다.

화란의 설교 신학자 판 데이크(Van Dijk)는 "설교란 하나님의 말씀의 적용적 해석"이라고 하였고, 홀베르다(Holwerda)는 "설교란 본문의 내용을 오늘의 교회를 향하여 구체적이 되게 하는 것"이라고 했다.[26]

설교에 있어서 해석과 적용이 요청되는 이유는 비록 하나님의 말씀을 모든 시대를 향하여 주신 것이지만 우선적으로 구속사의 어떤 단계에 있는 특별한 교회를 향하여 주신 것이기 때문이다. 따라서 그때 그 상황에서 주신 하나님의 말씀이 지금 여기에 있는 우리에게 의미 있는 메시지가 되려면 몇 가지 고려해야 할 점이 있다.

먼저 설교자는 그때 거기와 지금 여기와의 사이에 어느 것이 연속적(連續的)이고 어느 것이 불연속적(不連續的)인가를 고려해야 한다. 과거에 선

---

23) Ibid., pp.59-61.
24) S. Greidanus, pp.152-155.
25) Ibid., p.155.
26) Ibid., p.157.

포된 말씀이 지금에도 적절한 상황적 설교가 될 수 있는 것은 연속성이라는 통일성 때문이다.

연속성의 기초는 삼위 하나님이 계시므로 그때나 지금이나 같은 방법으로 구원을 이루어 가신다는 전제이다. 그 하나님은 바로 언약의 하나님이시다. 우리 모든 성도는 예수 그리스도 안에서 구속함을 받으며 그때나 지금이나 같은 신앙, 같은 소망 안에 살아가는 믿음의 공동체이다.[27]

그러나 불연속성(不連續性)도 있다. 역사적 간격을 송두리째 무시한 해석은 자칫하면 모범적 설교에서 나타나는 각종 잘못된 해석을 초래하게 된다. 그리고 상황적 설교를 함에 있어서 설교자 자신의 인격과 삶이 중요하다. 설교자가 단순히 말하는 나팔이나 하나님의 말씀을 재생하는 녹음기가 되어서는 안 된다. 설교자는 그의 마음속에서 성경 본문이 말하고자 하는 메시지를 갖고 있어야 한다. 본문과 회중들 사이의 대화가 설교자 속에서 이루어져야 설교자가 전하는 메시지의 적절성 및 상황성이 이루어진다.[28]

설교자는 메시지를 전달할 때 말씀을 잘 적용해야겠지만 설교자가 마음대로 설교 본문을 적용하려고 하지 말고 본문의 구속사적 의미에 초점을 맞추어야 한다. 또한 적용할 때 성도들을 신앙으로 양육할 목적이어야 하며 억지 주장이거나 불합리하게 적용되어서는 곤란하다.

앞에서 언급하였지만 말씀은 신앙과 인격의 뿌리인 마음을 향하기 때문에 말씀의 상황적 적절성은 삶 자체만큼이나 폭이 넓은 것이다. 말씀이 포괄적 적절성을 가지지만 설교자는 구체적인 메시지를 준비하는 데 어떤 한계를 따르지 않으면 안 된다. 첫째, 적용의 범위를 확대시킬 것이 아니라 본문의 특유한 구속사적 의미에 충실해야 한다. 둘째, 적용의 목적은 회중의 신앙을 세우는 데 있고, 셋째, 설교자가 적용을 할 때 억지 주장이나 불합리하게 적용해서는 안 된다.[29]

---

27) Ibid., pp.229-230.
28) Ibid., p.231; 해돈 로빈슨, 「강해설교」 박영호 역(서울: 기독교문서선교회, 1983), pp.26-28.

우리나라 강단에 갖가지 비상황적 설교가 오히려 말씀 보수하는 보수교단에서 많이 발견된다. 그래서 오해 중에 하나가 구속사적 설교는 상황성에 있어서 아예 기대할 것이 없는 설교 형태로 간주하는 것이다. 그러나 전술한 바와 같이 구속사적 설교는 상황성 있는 설교를 위한 신학의 기초 전제와 구속사적 방법론에 의한 구조적 형태를 가진다.

구속사적 설교는 단순한 설교방법론이 아니라 설교신학의 문제이며, 성경적 설교를 위한 열쇠이다. 오늘의 강단 현장이 개혁주의 신학의 열매와 너무 동떨어진 아쉬움이 있기에 구속사적 설교의 신학과 방법은 한국 교회의 강단 회복에 바람직한 것이라고 믿는다.

7. 구속사적 설교의 모델

지금까지 고찰한 구속사적 설교와 재래까지의 모범적 설교, 제목설교, 본문설교, 도덕적 설교, 율법적인 설교 등과 무엇이 차이가 있는지 한국 교회의 현장과 비교함으로써 구속사적 설교의 모델을 제시하고자 한다.

먼저 구속사적인 설교를 할 때 몇 가지 착안 사항을 간략히 기술하면 첫째로, 성경은 하나님의 자기계시(De Openbering Gods)라는 사실을 알아야 한다. 성경의 역사를 통해서 하나님께서 어떻게 자기를 계시하셨는가를 먼저 찾고, 하나님은 무엇을 행하셨는가를 찾아야 한다. 그리할 때 성경의 모든 말씀은 우리들에게 깨달음과 교훈을 주게 된다.[30] 단순히 성경 인물의 행위의 잘 잘못만을 취급하게 되면 성경 기록의 본래 목적과는 달라지

---

29) Ibid., pp.231-232.
30) S. G. De Graaf, p.2.

고 만다. 성경의 모든 말씀들은 비록 내용이 서로 다르다고 해도 인간을 구원하기 위한 하나님의 섭리에 관해 계시하고 있다는 사실을 기억해야 한다. 성경 기록의 모든 사건 중에 나타나는 주권자(De Eerst Handelende)는 하나님이시다. 하나님은 자기자신을 구속주(De Verlossende)로 보여주신다. 성경의 모든 사건마다 구속의 사역이 계시되고 있다.[31]

예를 들면 구약성경 가운데 요셉의 이야기를 가지고 많이 설교한다. 이 사건의 초점을 악한 형들과 요셉에게 맞춘다고 하면, 결과는 성경 기록의 주관자 되시는 하나님을 지나쳐 버리게 된다. 사실 요셉을 전후한 모든 사건들은 하나님께서 자기의 택한 백성을 구원하시기 위한 하나님의 섭리였다. 이 내용은 하나님과 그의 백성 간에 관계가 중심이다.

그러므로 성경이 말하고자 하는 것은 요셉보다 하나님이다. 이것이 구속사적 설교의 기초적인 사항이다.

지금까지 우리가 설교하는 내용들은(이것이 비록 한국 교회만 그러하다는 뜻은 아니다) 성경의 특별한 인물을 설정하고, 그의 행위, 그의 신앙, 그의 실수 등 교훈을 배움으로써 성도들로 하여금 그 인물처럼 되라는 도덕적 설교에서 벗어나지 못하였다. 그래서 간증과 설교를 구별할 수 없게 되고 설교가 위인전기처럼 되어가고 있는 것이다. 만약 우리가 성경을 가지고 설교할 때 이 사건들을 통해서 하나님께서 구원의 주가 되시며 창조주가 되시며 동시에 심판주가 되시는 사실이 명백하게 증거되지 않는다면 우리의 설교는 실패일 수밖에 없다. 물론 성경에 있는 인물에 대해서 설교할 수 있다. 그러나 먼저 하나님께서 그 성경의 인물들을 통해서 하신 일이 무엇인지를 말해야 한다. 그런 다음에 하나님의 구원의 은혜와 사랑에 대한 그들의 반응을 말해야 한다. 다시 말하면, 성경에 기록된 인물의 삶과 신앙을 말하기 전에 하나님께서 하신 일이 전제되어야 한다.[32] 우리는 요셉의 일생을 통하여 나타내신 하나님의 자기계시의 위대함을 깨닫게 된다.

---

31) Ibid., p.3.
32) Ibid.

둘째로, 구속사적인 설교를 할 때 중보자 되시는 예수 그리스도 안에서 구속하신 하나님의 자기계시를 발견하는 것이다.

인간은 죄로 말미암아 어두워졌으므로 중보자를 통한 은혜의 계시 외에는 다른 방도가 없었다.(Geen Andere Apenbaring Van Genabe Dan in Den Middelaar)[33] 이것이 신구약의 계시의 내용이다. 모든 성경은 하나님이 구속자이심을 계시하고 있다. 다시 말하면 중보자를 통한 구속이 성경의 주축을 이루고 있다. 앞에서 계시의 점진성을 말한 바가 있지만, 그것은 늘 새로운 것이 덧붙여진다는 의미가 아니고 하나님의 구속의 방법과 원리는 언제나 동일하다는 것을 알아야 한다.

구약의 모든 사건 안에는 구속의 씨가 내재되어 있다. 설교자가 해야 할 일은 신구약을 비추어 보면서 그것을 밝히 드러내어 주는 것이 필요하다. 중보자가 되시는 예수의 영은 구약시대 전체에 걸쳐 활동하였다. 그의 사역이 신약시대에 들어와서 시작된 것이 아니다. 이미 구약 역사를 통해서 그의 백성 가운데 자기자신을 계시할 목적으로 그림자처럼 활동하였다. 구약의 모든 사건이 예수 그리스도로 가득차 있고 역사는 그의 영이 이루신 것이라고 하겠다.[34]

예를 들면 에스더서를 가지고 설교한다고 하자. 에스더서에는 단 한 번도 '하나님'이라는 단어가 나타나지 않고 있다. 그래서 많은 자유주의적인 신학자들은 이 성경의 정경됨을 의심하고 있다. 그러나 에스더서에서 중보자가 어떻게 계시되고 있는가를 살펴야 된다. 그리할 때 이 성경의 인물들의 활동을 이해하게 될 것이다.

또 다른 예를 들면, 신약성경 중에 삭개오에 대한 이야기를 설교한다고 하면, 일반적으로 삭개오의 용기 있는 믿음의 열정과 죄의 회개를 말한다. 그러나 중요한 것은 이 주제는 삭개오에 대한 것이 아니라 그리스도의 자기 계시라는 사실을 명백히 할 때 바른 설교가 된다. 물론 삭개오 같은 성경

---

33) Ibid., p.4.
34) Ibid.

인물들을 설교하지 않을 수 없다. 예수님께서도 자기 몸에 향유를 부은 베다니 마리아의 행위를 "복음이 전파되는 온 세상에 전하여"지게 될 것이라고 말했다. 그러나 설교자는 그 여자의 헌신적이고 아름다운 행위를 말하기에 앞서서 마리아의 마음속에 그렇게 큰 사랑을 불러일으킨 하나님과 예수 그리스도에 초점을 두고 설교해야 한다. 우리는 마리아의 마음속에 예수님의 사랑이 투영되고 있음을 발견하는 것이 우선적이다.[35]

대개 성경에 나타난 인물에 대한 설교를 할 때 주로 그 인물에만 초점을 맞추는 경향이 있다. 즉, 그 인물의 신앙과 삶을 통해서 죄는 경고의 본보기로, 선한 일은 권장 사항으로 이른바 권선징악적인 도덕적 교훈만을 말하기 쉽다.[36] 이것이 도덕적 설교 또는 모형적 설교에 빠지기 쉬운 함정이며 제목설교를 즐겨 사용하는 모든 설교자들이 직면한 문제이다. 그러므로 성경의 인물에 일차적인 초점을 맞추는 대신에 예수 그리스도 안에서 나타난 하나님의 은혜의 계시를 선포해야 한다.[37]

셋째로, 구속사적인 설교를 할 때 유의해야 할 것은 하나님의 계시는 그의 백성과 맺은 언약 속에 나타났다는 것이다.

예수 그리스도는 우리의 구원을 위한 중보자일 뿐만 아니라 언약의 머리가 되신다.[38] 설교자들이 설교할 때 단순히 예수와 그 주변 인물에 대해서 단순한 이야기를 찾을 경우가 있다. 이때 자칫 잘못하면 실제로는 성경과는 관계없는 설교가 될 수 있다.

예를 들어 보면, 요셉을 예로 든 바 있지만 그 이야기의 초점은 요셉에 대한 하나님의 목적이 무엇인가 하는 것보다는 요셉을 통한 그의 백성에 대한 하나님의 섭리적 목적이 무엇인가를 살펴야 한다. 또 다윗을 설교할지라도 성경이 한 개인으로서 다윗에 초점을 두고 있지 않음을 알아야 한다. 다

---

35) Ibid., p.5.
36) Ibid.
37) Ibid.
38) Ibid., p.6.

윗은 개인으로서가 아닌 백성의 머리로 묘사되고 있다.[39] 다윗의 파란만장했던 삶보다 다윗을 다윗되게 하신 하나님에게 초점을 맞추어야 한다.[40] 또한 백부장이 자기 종의 병을 고쳐 달라고 예수님께 간구했을 때 그 반응은 이러했다. "내가 가서 고쳐 주리라"(마 8: 5)고 하셨다. 이 말의 뜻은 언약에 속하지 않은 이방인을 도와줄 수 있겠느냐라는 뜻이다. 그 말에 대한 백부장의 대답을 보면 예수님의 말씀 속에 담긴 언약의 의미를 잘 알고 있었음을 엿볼 수 있다. "주여 내 집에 들어오심을 감당치 못하겠아오니 다만 말씀만 하옵소서. 그러면 내 하인이 낫겠삽나이다. 나도 남의 수하에 있는 사람이요 내 아래로 군사가 있으니 이더러 가라하면 가고 저더러 오라하면 오고 내 종더러 이것을 하라하면 하나이다"(마 8: 5-9)고 했다. 예수님은 백부장의 간청을 들어 주셨다. 예수님은 언제든지 언약의 인정을 요구하신다. 설교자가 설교할 때에도 이 언약이 강조되어야 한다. 언약 안에서 태어난 사람은 그들이 가진 특권이 아니고 오직 하나님의 거저 주시는 은혜임을 알아야 한다. 위의 이런 몇 가지 착안 사항들은 구속사적 설교를 함에 있어서 매우 중요한 요소가 된다.

그럼 한국 교회에 있어서 설교 현실과 구속사적 설교의 접근을 비교해 보겠다.

1) 먼저 김응조 목사의 설교를 예로 생각해 보면, 김응조 목사는 예수교대한성결교회의 목사이지만 그의 설교의 방법은 한국 교회 설교자들에게 많은 영향을 끼쳤을 뿐 아니라 제목설교의 한 모델이라고 할 수 있다. 그의 대표적인 설교집 가운데는 "사막의 생수"라는 설교가 있다. 이사야 35: 1-7에 의한 "사막의 생수"라는 설교의 대지를 보면 이렇다.[41]

---

39) Ibid., p.7.
40) Ibid., p.8.
41) 김응조, 「사막의 생수」(서울: 기독교대한성결교회출판부, 1955), p.1.

① 사막에는 생수가 없다

② 사막에는 화초가 없다

③ 사막에는 길이 없다

④ 사막에는 여관이 없다

로 되어 있다. 이 설교는 한국의 전형적인 제목설교의 한 형태이다. 이 설교에 대해서 황대식 목사는 "이런 대지 구분은 성경 본문과는 다른 표현이지만 그 설명과 해석은 본문을 분해한 내용이다. 이것을 그의 기술적인 필치와 한학(漢學)의 특징을 발휘한 영감에 찬 표현이다. 결론은 헤매고 무거운 짐 진 자들이 주 예수를 믿으면 그 마음에 생수가 솟고 구원을 얻게 된다고 내리고 있다. 어떤 면에서 이것은 실존의 문제이고 구원의 문제이다. 길과 진리와 생명 되시는 그리스도와의 만남의 절대성을 강조하고 있다"고 하였다.[42] 이런 평들은 설교자 대부분의 공통된 인식인 것 같다. 그러나 김응조 목사의 「사막의 생수」 전편을 다 읽어 보아도 예수 그리스도를 말하는 것은 단 두 줄 뿐이고 그 외에는 모두 사막과 물에 대한 이야기로서 그것을 통해서 교훈을 주려고 한다. 물론 이 설교의 내용은 아주 좋은 기독교 강연이다. 그러나 역사적 성경 본문이 말하고자 하는 하나님의 구속사적인 계시인 복음은 한 곳도 없다.

이 역사적 본문은 예수님이 초림하시기 전 700여 년 전에 이사야에게 임하신 하나님의 계시이다. 장차 오실 메시야를 내다보면서, 그 메시야가 오심으로 말미암아 일어날 놀라운 사건들과 변화를 내다보는 예언이다. 이것은 하나님께서 이스라엘에게 약속하신 언약을 다시 일깨워 줌으로서 큰 소망을 주고 있다. "너희 하나님이 오사", "그가 오사", "너희를 구하시리라"(이사야 35: 4)고 하심으로 구속을 약속하신 것이다. 예수 그리스도 안에서 성취될 약속을 바라보는 것은 택한 백성에게 가슴이 뛰게 하는 위대한 메시

---

42) 황대식, 「설교 형태 비교연구」(서울: 혜선출판사, 1987), p.76.

지가 아닐 수 없다. 메시야이신 그리스도께서 오심으로 일어날 구체적인 사건들을 자세하게 설명하고 있다. 예수 그리스도께서 오셔서 소경의 눈을 뜨게 하시고, 앉은뱅이를 일으키시고, 죽은 자를 살리시는 것은 하나님의 언약대로 그가 구원의 주가 되시고, 메시야가 되심을 선포하는 행위이다. 구약의 성도들은 이 약속을 따라서 오실 메시야를 내다보면서 기뻐하였다. 이 성경의 내용들은 상징적인 단어들로 가득찬 시적 표현이다. 이 성경의 초점은 메시야이신 예수 그리스도로 말미암아 성취될 위대한 축복이 그려져 있다. 구약의 성경 구절이 어느 한 사건의 파편이 아니고, 그것은 하나님의 구원의 계획과 약속 가운데서 진행되고 있는 점진적이며 통일성이 있음을 알 때 설교자는 생명을 내어 건 설교를 할 수 있다. 특히 이사야 35: 8에 내용은 하나님이 거저 주시는 은총의 진리를 선포하고 있다. 성경을 구속사적으로 보는 사람과 그렇지 못한 사람과는 성경을 보는 시각에서부터 다르다. 만약 성경에서 어떤 교훈적인 진리만을 찾는 정도라면 우리의 설교는 도덕적인 설교나 율법적인 설교에서부터 벗어날 수 없게 된다.

2) 장두만 박사가 쓴 강해설교 작성법 중에서 강해설교 아웃라인에서 한 편을 인용해 보자. 장두만 박사는 최근의 강해설교 붐에 좋은 자료를 제공하고 있다.

제　　목: 성탄에 대한 세 가지 태도

본　　문: 마태 2: 1-12

중심내용: 성탄에 대한 태도는 그 사람이 어떤 사람인가를 보여준다.

설교목적: 사람들로 하여금 성탄에 대한 세 가지 태도를 알게 해 가장 바람직한 태도를 갖게 하기 위하여.

서　론

① 오늘날 크리스마스는 기독교인들만의 명절이 아니라 범세계적 명절이 되었다.

② 이때가 되면 사람들이 들떠 있다.

③ 사람들이 분주하고 들떠 있는 이유는 각양각색이지만, 이들이 성탄에 대해 갖는 태도를 보면 셋 중의 어느 하나이다.

④ 마 2: 1-12를 통해서 그 세 가지 태도를 생각해 보자.

Ⅰ. 어떤 사람은 성탄에 대해서 적대적이다(VV.1-3).

    A. 헤롯 왕(헤롯 대왕)과 같은 사람이다.

      ① 그는 유대인이 아니라 에돔(에서의 후손) 족속이었다.

      ② 그는 로마의 도움으로 왕이 되었기 때문에 항상 왕위에 대해서 불안감을 가지고 있었다.

      ③ 이러할 때 왕 중 왕이 탄생했다는 소문을 들으니 불안하고, 당황하고, 적개심을 느낄 수밖에 없다.

    B. 헤롯 왕이 그리스도의 탄생에 대해서 불안해하고, 당황하고, 적개심을 느꼈듯이 오늘 우리 가운데도 헤롯과 같은 태도를 취하는 자가 많다.

      ① 오늘날 우리는 물론 헤롯과 같이 왕위를 도전받지는 않는다.

      ② 그러나 비슷한 경우는 있다.

        Ⓐ 만일 내가 예수를 믿게 되면 그가 내 인생을 주장하고 내 인생의 방향을 결정하고 나의 생활에 있어서 왕이 되려고 하지 않을까 두려워서 그리스도에 대해 적대적 태도를 갖는 사람들이 있다.

        Ⓑ 만일 내가 예수를 믿게 되면 과거에 가지고 있던 모든 것 - 친구와 술 먹고 놀던 재미, 여자와 놀던 재미 - 다 잃어버리고 예수에게만 지배되지 않을까 생각하고 적대적 태도를 취하려는 사람이 많다.

      ③ 오늘 여러분은 어떤가?

      (경과구: 성탄에 대해 적대적 사람이 있는가 하면)

Ⅱ. 어떤 사람은 성탄에 대해 무관심하다.

　A. 이것이 종교 지도자들이 가진 태도였다.

　① 헤롯의 질문에 대해서 그들은 정확히 대답했다.

　　Ⓐ 그는 베들레헴에서 나겠다(cf. 미 5: 2).

　　Ⓑ 그는 다스리는 목자가 되겠다(cf. 삼하 5: 2).

　② 그들은 성경에 박식했다. 왕의 질문에 대해 성경을 인용하면서 답변할 정도였다. 그러나 그들은 직접 가서 그리스도께 경배하기를 거절했다.

　　Ⓐ 예루살렘에서 베들레헴까지의 거리는 8km에 불과했다.

　　Ⓑ 그것은 당시의 기준으로도 결코 먼 거리가 아니었다.

　③ 그들이 경배하러 가지 않은 이유는

　　Ⓐ 성경을 몰라서가 아니다.

　　Ⓑ 거리 때문에도 아니다.

　　Ⓒ 날씨 때문에도 아니다.

　　Ⓓ 무관심 때문이었다.

　B. 오늘날도 모든 사람들이 그러하다.

　① 온 세계에서 성탄절을 지키지만 그리스도 없는 성탄절이다.

　② 그리스도가 탄생했든 안했든, 성탄이 무슨 날이든 상관이 없다.

　③ 그리스도의 탄생이 나와 무슨 상관이 있고, 그것은 내 영혼을 위해 무엇을 할 수 있는가에 관심을 갖는 대신에

　　Ⓐ 돈 버는 일에

　　Ⓑ 카드 보내는 일에

　　Ⓒ 선물 교환에

　　Ⓓ 교회 행사에

　　Ⓔ 육적 재미보는 일에만 관심 갖는 사람들이 많다.

　④ 오늘 우리들은 이 종교적 지도자들 같지 않은가?

　　(경과구: 성탄절에 대해서 적대적이거나 무관심한 사람들이

있는가 하면)

Ⅲ. 어떤 사람은 참으로 경배한다(VV. 7-12).
   A. 이것은 동방 박사들이 가진 태도이다.
      ① 그들은 성경을 열심히 연구했다(cf. 민 24: 17).
      ② 그들은 성경을 알되 종교지도자와는 달리 먼 거리를 사양치
         않고 와서 예수께 경배했다.
      ③ 그들은 귀한 예물을 드렸다.
         Ⓐ 황금
         Ⓑ 유향
         Ⓒ 몰약
      ④ 그들은 하나님의 말씀에 온전히 순종했다.
   B. 오늘날도 참된 경배자는 그렇게 한다.
      ① 무엇보다도 예수 그리스도를 개인의 구주로 영접한다.
      ② 조용한 가운데 이 날이 무슨 의미가 있는지를 생각하고 진정
         한 예배를 드린다.

결 론
      ① 성탄에 대한 태도는 세 가지가 있다.
      ② 여러분의 성탄에 대한 태도는 어떠한가?

이상은 장두만 박사[43]의 강해설교의 골격을 그대로 인용한 것이다.

이 설교는 본문의 전후 관계를 주의 깊게 살펴보면서 작성한 강해설교의
모델이다. 그러나 이 일반적인 설교와 구속사적인 설교와는 어떻게 다른가?
이 설교 방법과 접근은 전통적인 설교의 방법이다. 본문 강해설교의 방법이

---

43) 장두만, 「강해설교 작성법」(서울: 요단출판사, 1993) p.187.

다. 그런데 이 접근 방법은 모범적인 설교에서 그러하듯이 이 본문의 사건 속에서 나타난 인물들의 행동과 말 등에서 교훈을 얻으려고 하고 있다.

물론 우리가 성경을 읽으면서 오늘의 삶과 연결시켜 적용해 볼 때 동방 박사의 열심과 헤롯 등의 반응을 생각해 볼 수 있지만, 그러나 먼저 생각할 것은 이 사건은 하나님의 구속사의 전체 맥락에서 이해되어져야 한다. 이 성경이 우리에게 계시하는 것은 우리의 구주로 오신 메시야이신 예수 그리스도는 하나님의 언약을 따라서 오셨다는 사실이다. 예수 그리스도의 동정녀 탄생은 하나님의 구속 운동이 그의 단독적이고도 특수한 방법임을 계시한다. 그의 구속 운동은 초자연적인 방법을 통해서 우주적인 사건임을 계시하여 주신다. 가령 별의 출현, 동방 박사들이 별을 보고 예루살렘까지 찾아온 것은, 예수 그리스도의 탄생이 우주적이며 초자연적인 하나님의 구속 행위임을 선포하는 것이다. 그러므로 이 본문의 주인공은 별도 아니고 동방 박사도 헤롯도 아니다. 주인공은 하나님이시며 예수 그리스도이다. 동방 박사나 별이나 제사장이나 헤롯은 하나의 엑스트라이며 배경이라고 할 수 있다. 하나님의 계시의 도구(Instrument)라고 할 수 있다.

칼빈(J. Calvin)은 누가복음 2: 9-14의 말씀을 설교하면서 구속사적인 안목에서 이 설교를 진행하고 있다.[44]

그러므로 우리가 이 설교를 할 때에 동방 박사의 황금과 유향과 몰약을 예수님께 드린 헌신의 행동도 귀하지만 동방 박사를 베들레헴까지 불러들인 하나님의 메시야 선포의 놀라운 계획을 설교해야 될 것이다. 그뿐 아니라 하나님은 천지만물을 창조하시고 메시야의 탄생에 그의 피조물을 움직이신 능력 또한 찬양해야 할 것이다. 또한 동방 박사들이 고백한 내용 중에서 "유대인의 왕으로 나신 이가 어디 계시뇨……그에게 경배하러 왔노라"(2: 2)는 고백 속에서 예수 그리스도가 누구인가를 분명하게 계시해 준 것을 기억해야 한다. 그래서 우리는 "예수 그리스도, 그는 누구인가"하는 명백한 메시

---

44) 정성구, "구속사적 설교의 원리와 방법", p.31.

지가 이 설교를 통해 나와야 한다.

3) 창세기 22장 1-19절까지의 설교를 예로 들어 보자.

이 본문에 대한 일반적인 설교의 형식을 보면 다음과 같다.

이병돈 목사의 창세기 강해설교에 보면,45) 제목을 '아브라함의 신앙'이라고 했다. 하나님께서 아브라함을 시험하시려는 의도 외에 아브라함이 예상하지 못한 하나님이 준비하신 양으로 제사하게 된 것은 아브라함을 통해 허락하실 메시야 탄생과, 그리스도의 구속 사업을 예표하신 양을 잡아 드린 특수한 제사였다고 전제하였다.

본문의 대지를,

Ⅰ. 아브라함의 신앙의 순종
  ① 순종의 자세
  ② 순종의 방법

Ⅱ. 하나님의 축복과 응답
  ① 이레의 축복
  ② 하나님이 사람을 시험하시는 뜻

Ⅲ. 순종의 결과로 분류해서 설교하고 있다.

또 임사순 목사의 "온전한 제물이 되자"라는 메시지도 비슷한 내용을 취하고 있다. 그의 설교의 요점을 정리하면 다음과 같다.

이삭은 제물이 다른 사람이 아닌 자기자신이었다는 것을 깨달았다. 우리는 이 사실을 통해서 신령한 교훈을 받아야 하는데, 한국에도 어디든지 제단 쌓을 곳이 있다는 것이다. 문맹퇴치, 교사, 새마을운동, 농촌지도자로 나

---

45) 이병돈, 「창세기 강해설교집」(서울: 도서출판예찬사, 1985), pp.145f.

가면 그것이 우리의 제단이 된다는 것이다. 그리고 불이 필요한데 그 불은 성령의 불이라는 것이다. 120명의 초대 교회 성도들이 제단을 쌓고 나무를 벌려 놓았을 때 그 불길은 제단 위에 붙었다는 것이다. 그 불이 웨슬레 제단으로 한국의 서문 밖 교회로 붙었다는 것이다. 제물은 누구냐 그것은 바로 우리 자신이 제물이라는 것이다.[46]

또 한국 초기 교회의 최거덕 목사는 "제물은 어디에 있나이까"라는 제목의 설교를 했다. 그는 ① 아브라함은 복잡한 가정 문제로 많은 고통을 당하고, ② 하나님께서 요구하는 것이 무엇인가, ③ 제물은 무엇이며 어디에 있는가, 등의 대지로 설교하고 있다. 그리고 희생의 제물이 구체적으로 무엇인가를 묻고 "내가 가장 사랑하는 물질을 내가 쓰지 않고 하나님을 위해 내어 놓을 때 희생이 되는 것이다. 또 귀한 시간을 바치는 것, 선한 일을 위해서 핍박을 받는 것, 억울한 일을 당해서 참고 견디는 것, 원수를 위해서 기도하는 것 등이다"라고 했다.[47]

위의 세 가지 예는 지금까지 우리가 즐겨 사용하는 설교의 내용이다. 한국 교회의 모든 교파를 막론하고 사용하는 보편적인 설교 방법이다. 그러나 설교자가 하나님의 말씀인 성경을 읽고, 성경에 대해서 어떤 태도로 임하는가에 따라서 달라질 수가 있다. 하나님께서 당신의 택한 백성을 구속하시기 위한 역사로 성경을 볼 때 성경에 대한 태도가 달라질 것이다. 구속사적 신학의 눈으로 성경을 보는 것은 대단히 중요하다.

위 본문을 가지고 구속사적인 접근 방법으로 정리하면 다음과 같다.

우리는 본문을 가지고 설교할 때 아브라함의 믿음을 최우선으로 다루어서는 안 된다.[48] 물론 하나님의 구속 운동에 대한 아브라함의 반응을 제외할 필요는 없지만 그 초점은 하나님으로부터 출발해야 한다. 설교자가 명심해

---

46) 임사순, "온전한 제물이 되자", 「대설교전집」 제9권, 한국기독교선교100주년기념대
    설교전집출판위원회 편 (서울: 박문출판사, 1974), pp.389f.
47) 최거덕, "제물은 어디에 있나이까", 「대설교전집」 제4권, pp.214f.
48) S. G. De Graaf, p.96.

야 할 것은 성경해석에 있어서 어떤 사건의 인물로부터 윤리적이고, 도덕적인 교훈을 얻어내기에 앞서서, 우리를 죄 가운데서 구속하기로 작정하시고 그것을 역사 속에서 진행해 가시는 하나님의 사역과 섭리에 초점을 맞추어야 한다.

본문의 요점은 아브라함이 드리려는 제사는 오직 하나님께서 만드신 제사의 모방이었을 뿐이다. 산에 오르던 이삭의 물음에 아브라함이 말했다. "번제 할 어린양은 하나님이 자기를 위하여 준비하시느니라"(창22: 8) 이 말은 아들의 질문을 회피하기 위한 임시방편이 아니다. 아브라함의 대답은 진실이었다. 하나님께서는 언제나 친히 제물을 준비하신 것이다.

좀더 의미를 살핀다면 하나님 스스로가 희생되셨다. 다시 말하면 하나님께서 약속의 아들을 제물로 삼으셨다.[49] 이 아들은 하나님이 말씀으로 낳은 언약의 아들이다. 궁극적으로 본다면 하나님께서 말씀 자체를 희생시킨 것이다. 그러므로 이삭의 죽음은 그리스도의 죽음의 모델이라고 할 수 있다. 이삭의 죽음은 실제로 이루어지지 않았지만 하나님께서는 실제로 우리를 위해서 그의 독생자를 죽게 하셨다. 이삭은 다름 아닌 약속의 씨였다. 이 이야기의 핵심은 아브라함의 신앙에 있는 것이 아니라 그는 단순히 하나님의 행위를 모방했을 따름이다. 결론적으로 보면, 한 마리의 수양이 이삭을 대신해서 죽었다. 이 사실을 비추어 볼 때, 우리의 관심은 아브라함의 개인적인 신앙 그 이상으로 옮겨져야 한다. 아브라함은 이미 영적으로 이삭을 바쳤으며 하나님께서는 그러한 신앙의 행위를 요구한 것이다.

그러나 여기서도 깨달아야 할 것은 인간의 행위는 불충분하다는 사실이다. 하나님께서는 완전한 제물을 준비하셨다. 이러한 두 요소, 즉 인간의 행위와 하나님의 행위는 예수 그리스도 안에서 온전히 이루어지는 것이다.[50] 이 본문의 핵심은 하나님은 대속의 방법을 통하여 친히 구원의 약속을 이루어 가신다는 것이다. 하나님께서는 이 대속의 원리를 제사 제도를

---

49) Ibid., p.97.
50) Ibid., p.99.

통해서 나타낸다. 그리고 하나님의 약속에 따라서, 하나님께서는 자신의 독생자이신 예수 그리스도를 대속 제물로 삼고 모든 구원의 약속을 온전히 이루신 것이다.[51] 하나님의 약속은 언제나 진실하시며 하나님의 구원은 오직 그가 홀로 이루신다. 이 성경 본문을 살펴보면, 하나님께서는 아브라함의 순종을 보시고 만족하셨다. 하나님은 우리가 어떤 환경에 처하여 있든지 그를 믿도록 요구하신다. 그러므로 우리는 행위로써 구원과 축복을 만들어 갈 수 없다. 왜냐하면 인간 스스로 구원을 이룰 수 없고, 오직 하나님께서 친히 준비하신 완전한 제물을 통해서 구원을 이루셨기 때문이다. 그것은 우리를 죄 가운데서 구원하시기 위해서 그의 독생자 예수 그리스도를 주신 것이다. 이것이 하나님께서 보이시려는 계시였다.[52]

간략하게나마 창세기 22장을 통하여 지금까지 전통으로 여기고 만연했던 설교와 구속사적 설교 방법이 무엇이 다른가를 살펴보았다.

그러면 구속사적 설교의 모델로 두 편을 소개하면 다음과 같다.

필자는 합동신학교 김영철 교수의 저서 「여호와 신실하신 하나님」(서울: 여수룬, 1991), pp.91-100에서 "아브라함이 신뢰한 하나님"이란 설교와 고신대학교 고재수(N. H. Goojes) 교수가 쓴 「구속사적 설교의 실제」(서울: 기독교문서선교회, 1991), pp.71-78 등을 토대로 앞에서 비구속사적 설교의 예를 들어 비판한 것을 정리하여 모델로 제시한다.

〔구속사적 설교 모델 1〕
제 목: 아브라함이 신뢰한 하나님
본 문: 창세기 22장1-19장
주 제: 하나님은 언약의 상속자 예수 그리스도 안에서 구원의 약속을 이루어 가신다.

---

51) 김영철, p.99.
52) S. G. De Graaf, p.100.

서 론

본문 창세기 22장은 하나님께서 자기 백성의 구원을 어떻게 이루어 가실 것인가를 보여주는 놀라운 계시입니다. 그러나 우리가 잘 알다시피, 본문에서 으레 강조되어 왔던 것은 아브라함이나 이삭의 훌륭한 점이었습니다. 아브라함의 훌륭함이 강조되는 경우에는 자식을 죽여서 바쳐야 하는 아버지의 심정이 여러 모로 강하게 부각되었고, 이삭의 훌륭함이 강조될 경우에는 아무런 저항 없이 아버지의 결박에 자신을 맡겼다는 점이 찬양을 받았습니다. 아브라함의 훌륭함이 강조되거나 이삭의 훌륭함이 강조되거나, 어떤 경우이든지 간에 항상 본문에서 눈총을 받아 왔던 등장인물은 하나님이었습니다.

아브라함이나 이삭을 강조하려는 관점에서 보면, 아들을 제물로 바치라는 하나님은-그 하나님은 너무도 잔인하고 수준 이하이며 비정한, 좀 좋게 평한다 해도 얄궂은 하나님이 아닐 수 없는 것입니다. 이와 같이 하나님을 깎아내리고 인간을 부추겨 올리는 식의 성경 이해나 해석이 합당한 것이겠습니까?

우리는 성경을 '하나님의 계시'라고 큰 소리로 말하는 사람들입니다. 조직신학적 차원에서가 아니고 성경의 내용 면에서 살펴볼 때 '성경이 하나님의 계시'라는 말을 어떤 의미로 이해하고 계십니까? 하나님께서 말씀이나 모든 사건을 통하여, 또는 행동을 통해서 때로는 어떤 특정 인물을 통하여 하나님 자신이 자기 백성들의 구원을 이루어 가시려고 어떻게 일하시는지, 또 그 구원을 이루어 가시는 하나님이 어떤 분이신지를 직접 간접으로 보여주시는 것을 기록한 것이 성경입니다. 그리고 바로 이런 의미에서 우리는 성경을 하나님의 계시 또는 하나님의 말씀이라고 하는 것입니다.

따라서 우리는 성경을 이해하거나 해석할 때마다 우선적으로 윤리적 교훈을 얻어내기에 앞서서 하나님 그분에게 초점을 맞추어야 하는 것입니다. 내가 대하고 있는 본문이 하나님의 어떤 면을 강조하고 부각시키는가를 잘 파악해야 하는 것입니다. 이것이 바르게 될 때 성경을 하나님의 계시, 하나님의 말씀으로 바로 대하게 되는 것이며, 하나님과 풍성한 교제를 누릴 수 있는 것이며, 동시에 윤리적 가르침도 더욱 심도 깊게 깨달을 수 있는 것입니다.

I. 언약에 대한 신앙

본문을 살펴보겠습니다.

그 일 후에, 즉 21장의 사건들이 있은 지 얼마 후에 하나님께서는 아브라함을 시험하셨습니다.

첫째로 생각해 볼 것은, 아브라함의 무엇을 시험하셨는가 하는 점입니다. 얼핏 보면, 아브라함의 순종이었습니다. 하지만 이것은 마치 리트머스 시험지의 색깔을 보고 산성이냐 알칼리성이냐를 구분하는 것과 같은 시험은 아니었습니다. 아브라함이 순종할 수 있느냐 없느냐의 가부를 확인하기 위한 시험이 아니었습니다. 본문의 문맥에 의하면, 이 시험은 어느 정도까지 순종할 수 있는가, 순종의 용량을 재기 위한 시험이었습니다. 구원 계시의 전개에 있어서 새로운 계시를 받는 대상의 순종의 용량 즉 믿음의 크기를 발판으로 하기 때문인 것입니다.

2절에서 하나님께서는 아브라함에게 이삭을 번제물로 드릴 것을 명하십니다. 그러나 하나님의 이러한 명령은 엄하고 딱딱한 분위기의 군대식 명령이 아닙니다. 원문이 주는 분위기는 명령이라기보다는 부탁에 가까운 말씀인 것입니다. 하나님께서는 이삭을 번제로 드릴 기한을 말씀하시지 않았습니다. 다만 장소-그것도 며칠의 여행을 필요로 하는 먼 곳을 지정해 주셨습니다. 이는 순종의 가부보다도 순종의 용량을 재시려는 시험의 성격 때문이었습니다.

12절에 보면, 여호와의 사자가 이삭을 조금도 해하지 말라고 말씀합니다. 그리고 이어서 "네가 네 아들 네 독자라도 아끼지 아니하였으니 내가 이제야 네가 하나님을 경외하는 줄을 아노라"고 말씀합니다. 바로 이 부분이 오해를 야기하는 부분입니다. 이 구절은 마치 하나님께서 아브라함이 하나님을 경외하는 줄을 모르고 계시다가 이삭을 아끼지 않고 바치는 것을 보시고서 비로소 아브라함이 하나님을 경외하는 줄 알게 되었다고 말하는 듯합니다. 그러나 원문의 뜻은 이렇습니다. "이삭을 조금도 해하지 말라, 왜냐하면 지금 내가 알았기 때문이다" 무엇을 하나님께서 아셨습니까? 네가 하나님을 여전히 경외하고 있다는 사실과 네가 네 아들 네 독자를 너를 위해 움켜쥐고 있지 않고 내게 내놓았다는 사실, 이 두 가지 사실을 하나님께서 아신 것입니다.

다시 말해서, 하나님께서는 아브라함의 순종의 용량 즉 믿음의 크기가 새로운 계시의 전개를 위한 발판이 되기에 충분함을 알게 되신 것입니다. 그래서 아브라함에게 이삭을 해하지 말라고 명하심으로 아브라함에 대한 시험을 멈추신 것입니다. 이제는 하나님께서 새로운 계시의 전개를 위해 수양을 등장시키십니다. 이 수양이 이삭 대신 번제물이 됩니다.

Ⅱ. 언약에 대한 순종
둘째로 생각할 것은, 시험의 결과는 무엇이었는가? 하는 점입니다. 그 결과는 본문 15-18절에 명백하게 드러나 있습니다.

17, 18절 두 절은 하나님께서 아브라함에게 주실 축복의 내용을, 그리고 16절 하반절과 18절 하반절은 그런 놀라운 축복이 아브라함에게 임하게 된 이유로서 아브라함의 순종을 언급하고 있습니다. 그렇기 때문에 15-18절에 대해 문맥적 연관을 고려하지 않고 피상적으로 이해하면, 마치 아브라함의 순종이 공로가 되어 하나님의 놀라운 축복을 얻어낸 것처럼 착각하게 됩니다.

17, 18절에 나타난 축복의 내용은 이미 하나님께서 자신의 은혜에 근거해서 일방적으로 여러 차례에 걸쳐 12장, 15장, 17장, 18장에서 약속하신 내용입니다. 하나님께서 자신의 은혜에 근거해서 주권적으로 주실 이 놀라운 축복의 내용들이 아브라함의 순종과 연관되어 오늘 본문 22: 17, 18에 일목요연하게 나열된 이유는 이렇습니다. 하나님께서는 아브라함의 순종의 용량 즉 믿음의 크기를 측정하시고 흡족하셨습니다. 주권적으로 아브라함을 갈대아우르에서 불러내셔서 하나님의 백성의 조상으로 세우시려는 하나님의 구원 계획과 그 기대에 어긋나지 않았습니다. 그래서 하나님께서는 당신의

구원 계획, 즉 아브라함에게 베풀려는 축복의 내용을 반드시 이루실 것임을 맹세하십니다. 인간의 표현을 빌리자면, 창세기 15: 17에서처럼 하나님께서는 자신의 목숨을 걸고 맹세하십니다. 이것이 바로 "내가 나를 가리켜 맹세하노니"(16절)라는 의미입니다. 뿐만 아니라, 하나님께서는 자신이 아브라함에게 베푸시려는 축복이 마치 아브라함의 순종에 대한 상급인 양 말씀하십니다. 이것은 엄밀히 말하자면 아브라함의 믿음의 순종을 통로로 삼아 하나님의 구원 계획이 이루어질 것을 시사하는 표현인 것입니다.

이와 같이 아브라함에 대한 시험의 결과로, 하나님께서는 자신이 아브라함에게 구원 계획을 반드시 이루어 가실 것임을 맹세로 재확인하셨습니다.

Ⅲ. 언약의 상속자

끝으로 오늘 본문이 부각시키는 강조점은 무엇인지를 생각해 보아야겠습니다. 여호와 하나님께서 아브라함에게 이삭을 번제물로 바칠 것을 말씀하실 때, "네 아들 네 사랑하는 독자" 이삭이라고 호칭하십니다. 역시 12절, 16절에서 말씀하실 때에도 "네 아들, 네 독자"라는 표현을 사용하고 계십니다. 단지 아브라함의 자식에 대한 인간적 애정만을 간파하셨기 때문에 이 용어를 사용하셨다고 생각될 수 없는 것입니다. 창세기 12-21장까지의 문맥에 비추어 보면, 이삭은 아브라함이 100세에 얻은 아들이기에 귀하고 사랑스러웠다기보다는 하나님께서 아브라함에게 주신 그 놀라운 구원의 약속과 축복이 이루어질 수 있는 유일한 통로였기 때문에 그러했습니다.

엄밀히 말하자면 이삭이 아브라함의 독자가 아닙니다. 이스마엘도 아브라함의 아들입니다. 그러나 구원 약속을 이어갈 상속자라는 점에서 이삭은 아브라함의 유일한 아들이었습니다. 따라서 "네 아들, 네 독자"를 바치라는 하나님의 요구는 아브라함에게 너무도 모순적인 말씀으로 들릴 수밖에 없었을 것입니다. 하나님께서 아브라함에게 약속하신 구원 계획을 이루실 유일한 방편으로 허락하신 이삭을 도로 가져가시겠다는 것은 하나님 편에서의 구원 계획을 포기하시겠다는 선언으로 이해될 수밖에 없는 상황인 것입니다. 여기서 아브라함의 갈등이 나타나는 것입니다. 하나님께서 약속하신 구원의 유일한 방편이 없어져도, 그분께서 구원 계획을 말씀하신 바대로 이루어 가실 것을 믿어야 하는가? 아닌가? 바꿔 말하면 가시적인 구원의 방편을 믿는가? 아니면 하나님의 약속의 말씀 그 자체를 믿는가? 이것이 바로 아브라함의 고민이요, 갈등이었습니다. 여기서 갈등의 과정을 성경 기자가 기록하고 있지 않다는 점을 간과해서는 안 됩니다. 따라서 갈등의 과정은 본문의 강조점으로 부각될 수 없는 것입니다.

본문이 시사하는 것은 아브라함이 이 갈등의 해결점을 찾았다는 것입니다. 3절부터 암시되다가 5절에 비로소 아브라함의 해결점이 무엇이었는가가 드러나게 됩니다.

아브라함은 자기 사환들에게 말합니다. "너희는 나귀와 함께 여기서 기다리라(직역하면), 나와 이 아이, 우리가 거기까지 가서 우리가 경배하고, 우리가 너희에게로 돌아오겠노라" 우리가 함께 가서 경배하고 함께 돌아오리라는 의지를 보여주는 표현(Cohortative)입니다. 이 구절에 대해서 히브리서 11: 17-19는 아브라함이 "하나님께서 이삭을 능히 죽은 자 가운데서 다시 살리실 줄 믿었다"고 주석합니다.

뿐만 아니라 번제할 어린 양이 어디 있느냐고 묻는 이삭에게 아브라함은 "하나님께서 자신을 위해 준비하시리라"(8절)고 말합니다. "따라서 5절과 8절의 아브라함의 말 가운데서 아브라함이 구원의 방편 그것보다도 구원의 약속을 주신 하나님 그분을 신뢰하기로 작정함으로 자신의 갈등의 해결점을 찾았음을 알 수 있습니다. 따라서 이러한 신뢰, 이러한 믿음은 전폭적인 순종을 낳게 된 것이며, 이러한 전폭적인 순종을 가리켜 야고보서 2: 17이하(특히 21-24절)에서는 산 믿음이요, 의롭다함을 받은 믿음이라고 해석하고 있는 것입니다.

이러한 믿음을 갖고 하나님께 나아온 아브라함이 이 사건을 통해서 재인식하게 된 것은, 하나님께서는 자신에게 약속하신 구원 계획을 반드시 이루실 것이라는 사실입니다. 그러나 본문의 강조점은 여기서 멈추는 것이 아님니다. 본문은 이제껏 나타나지 않았던 새로운 요소를 부각시키고 있습니다. 이것은 하나님께서 구원 역사를 어떻게 전개시킬 것인가를 보여주는 매우 괄목할 만한 요소입니다. 이 요소는 대속의 원리인 것입니다.

하나님께서는 이삭 대신에 대속물을 친히 준비하심으로 어떻게 구원 계획을 이루실 것인가를 새롭게 계시하신 것입니다. 구원의 유일한 방편이었던 이삭을 바치라 하신 하나님께서 어떻게 그 구원을 이루어 가실지 그 방법은 분명히 몰랐지만, 하나님께서 자기의 구원 계획을 이루어 가실 것이라는 사실을 확신한 아브라함의 믿음을 발판삼아, 하나님께서는 그 구원을 이루어 가실 방법을 구체적으로 계시하신 것입니다.

그러므로 오늘 본문의 핵심을 한마디로 '하나님께서는 대속의 방법을 통해서 친히 구원의 약속을 이루어 가신다'고 표현할 수 있습니다.

하나님께서는 이 대속의 원리를 특히 제사 제도를 통해 선명히 나타내십니다. 그리고 마침내 하나님께서는 자신의 독생자 예수 그리스도를 대속 제물로 삼으셔서 그가 예부터 약속하신 모든 구원의 약속을 성취하셨습니다. 그리스도 안에서 구원의 모든 축복들을 자기 백성을 위해 확보해 놓으셨습니다. 그리고 지금도 세상 끝날 때까지 그리스도를 통한 구원의 약속을 이루어 가실 것입니다.

오늘 본문에 나타난 하나님은 아브라함이 이삭을 하나님 자신보다 더 사랑하는가 아닌가를 잔인한 방법으로 시험해 보신 졸렬한 하나님이 아니십니다. 그분은 이미 자신의 은혜로, 일방적으로 베푸실 구원의 모든 축복들을 약속하셨고, 그 약속을 반드시 이루어 가시는 신실하신 하나님이십니다. 그분은 인간에게서 구원을 이룰 근거를 찾지 않으시고, 자신이 친히 구원을 이룰 대속 제물 그리스도를 준비하여 구원을 이루신 은혜로우신 하나님이십니다.

결 론

내가 진정 자기 백성의 구원을 친히 이루어 가시는 여호와 하나님을 믿는다면, 내가 주제넘게 하나님의 나라 확장에 꼭 필요하다고 판단하고 하나님의 요구에도 불구하고 움켜잡고 내어 놓지 않으려고 하는 것이 있지는 않습니까? 그것이 내 명예입니까? 그것이 내 재산일 수도, 학식일 수도, 건강일 수도, 가정일 수도, 자녀일 수도 있습니다. 그것이 내 목회하는 교회일 수도 있습니다.

내가 진정 나의 구원을 이루어 가시는 그러한 하나님을 신뢰한다면 얼마만큼만 그분께 내맡기고 그분께 순종해야 하겠습니까? 어느 정도까지만 맡기려 하십니까? 어느 정도까지만 순종하시려 합니까?

〔**구속사적 설교 모델 2**〕
제 목: 예수 탄생은 왜 좋은가?
본 문: 이사야 9장 6, 7절
주 제: 예수 탄생은 하나님의 구원 사역의 완성이기에 기쁜 소식이다.

서 론

아기 예수님의 생일을 기억하는 것이 도대체 무슨 유익이 있을까요? 더군다나 그렇게 오래 전에 있었던 탄생을 우리는 왜 해마다 축복하고 있습니까? 우리의 일상생활에서 아기 예수님의 태어남이 무슨 중요한 의미가 있습니까?

솔직히 말하자면 아무 소용도 없는 것입니다. 단지 한 아이가 우리에게 있어서 무슨 할 말이 있겠습니까? 그러나 이사야는 우리에게 성탄을 축하하는 길을 보여주었습니다. 이사야는 단지 '한 아기는 태어날 것이다'라고만 말하지 않고, '그 어깨에는 정사를 메었다'고 덧붙입니다. 즉, 그 아기는 왕이 될 것입니다. 그렇다면 아기의 탄생 소식은 아주 중요한 소식이 될 수 있습니다.

그런데 이와 관련해서 우리가 기억해야 할 한 가지 사실은 사단이 계속 예수님을 미워한다는 사실입니다. 그 사단은 수세기 동안 먼저 예수님의 오심을 막기 위하여 이스라엘 백성을 멸하려고 애를 썼습니다. 이런 사단의 목적은 실패로 끝나고 예수님은 하나님이 원하는 시대에 태어나게 되었습니다. 그러자 그때부터 사단의 의도는 바뀌어졌습니다. 더이상 예수님의 오심을 막지 못하는 이상 이제는 우리가 예수님의 오심을 생각지 못하도록 하려고 애를 쓰고 있습니다. 그가 사용하는 방법 중 하나는 우리가 성탄절에 그저 아기 예수님의 태어남을 생각하도록 만드는 것입니다. 왕에게는 우리가 순종하겠지만 아기에게는 누가 순종하겠습니까? 우리가 아기에 대해서만 생각한다면 사단의 시험에 빠지는 것이 됩니다. 이 시험에 빠지지 않기 위해서 우리는 이 성탄의 날을 그저 한 아기가 아니라 우리의 왕이 태어난 날로 축하해야 합니다.

Ⅰ. 성자 하나님, 우리 왕의 출생

이사야가 살고 있던 시대에 그는 어떤 사람들에게 그 아기의 탄생에 대해 예언했습니까? 그 당시의 백성들은 매우 어려운 상태에 놓여 있었습니다. 당시 이스라엘은 큰 나라가 아니었습니다. 다윗 왕 시대에 이스라엘은 많이 번창했고, 이어서 솔로몬 시대에도 왕국은 아주 크고 모든 면에 평화를 누렸습니다.

하지만 이사야 시대에는 상태가 많이 나빠져 있었습니다. 이스라엘은 더이상 통일 왕국이 아니라 둘로 분리된 나라가 되었습니다. 그리고 예언자 이사야는 그중 작은 나라인 두 지파에게 예언의 말을 하였습니다. 이스라엘이 이렇게 약화되는 동안 외국 나라들은 강해져 갔습니다. 유다를 직접 위협하는 나라로는 아람이 있었습니다. 아람은 유다에게 강대한 나라였고, 그 배후에는 보다 더 큰 나라가 있었는데 바로 앗수르입니다. 얼마 지나지 않아서 앗수르는 북쪽 열 지파를 공격하고 후에는 유다의 두 지파도 공격해 올 것입니다. 이렇게 북방의 위협뿐만 아니라 남방에서도 약한 유다를 위협하는 나라가 있었는데 곧 애굽입니다.

그런 어려운 상황 속에서 예언자 이사야는 왕이 될 아기가 태어날 것을 예언했습니다. 그 왕이 보통의 아기가 아님은 본문에 분명히 나타납니다. 7절 마지막에는 "만군의 여호와의 열심이 이를 이루시리라"고 합니다. 그래서 여호와의 열심은 약속된 아기가 나게 하고 그 아기가 왕직을 받도록 하실 것입니다.

그런데 왜 바로 그 아기의 태어남에 있어서 만군의 여호와의 열심이 그토록 강조되고 있는 것일까요? 물론 우리는 태중에 있는 아기의 성장조차도 하나님의 일인 줄 믿습니다. 시편 139편은 이를 잘 표현했습니다. "주께서 내 장부를 지으시며 나의 모태에서 나를 조직하셨나이다"(13절) 하지만 유대인들은 보통 아기가 태어나는 일을 두고 "만군의 여호와의 열심이 그것을 이룩하신다"라고 말하지는 않았습니다. 예수님의 탄생에 대해 이렇게 말하는 것은 그가 보통 아기가 아님을 보여줍니다.

그러면 그가 누구시냐에 대해 본문은 그것을 가르쳐 주고 있습니다. 그 아기의 이름 중 하나는 '전능하신 하나님'입니다. 그 태어날 아기는 동시에 하나님일 것입니다. 물론 그 아기는 모든 인간처럼 태어나고 모든 인간의 유아처럼 부드러운 피부와 자그마한 손가락을 가질 것입니다. 자기 혼자서 앉지도 못하고 어머니가 그를 앉힐 때도 곧 넘어지고 말 것입니다. 그러면서도 그는 능력 있는 하나님입니다. 하나님은 모든 인간보다 힘 있는 분이시고 천하의 모든 것을 다스리시는 분이십니다. 이런 성자 하나님께서 성탄절에 인간으로 태어난 것입니다.

얼마나 놀라운 일인지요! 우리가 그 사실에 대해 오래 생각할지라도 잘 이해하지 못할 것입니다. 인간보다 존귀한 하나님이 어떻게 작은 아이로 태어날 수 있는지 우리는 모릅니다. 또 신학자들이 그 사실을 많이 연구해도 잘 설명하지 못합니다. 이 일은 정말 우리를 놀라게 하는 신적 행동입니다. 성탄절에 태어난 아이는 신적 왕이신 것입니다.

이스라엘 백성은 무엇보다도 이런 왕이 필요했습니다. 지금까지의 왕들 중에서 좋은 왕도 있었고 좋지 못한 왕들도 있었습니다. 좋지 못한 왕들은 나라를 많이 약화시켰고 또 자주 백성을 그릇 인도했습니다. 좋은 왕은 가령, 다윗 왕과 같은 사람은 하나님을 섬기고 백성을 잘 인도했습니다. 하지만 좋은 왕조차도 부족한 인간으로서 잘못을 저지르기도 했고 정복을 당하기도 했습니다. 그들은 백성을 진정으로 돕지는 못했습니다. 하지만 하나님이 약속하신 그 왕은 인간일 뿐만 아니라 하나님 자신인 것입니다. 하나님 자신은 왕으로서 이스라엘을 인도하시고 다스리실 것이며 모든 위험으로부터 보호하실 것입니다. 그 왕이 동시에 하나님이시니까 이스라엘 백성은 두려워할 필요가 없을 것입니다.

또 성탄절에 태어난 아기는 바로 이 육체를 입은 성자 하나님이십니다. 그는 얼마나 놀라운 왕인지요! 신적 능력으로 우리를 다스리시고 신적 권능으로 우리를 보호하십니다. 성탄절에 우리는 어떤 한 아기의 출생이 아니라 하나님이신 우리 왕의 출생을 축하하는 것입니다.

Ⅱ. 완전한 구원자, 약속된 왕의 출생

약속된 왕의 사역에 대해서는 그분께 돌려진 이름들이 잘 말해 줍니다. 그 이름들을 잘 이해하기 위해 우리는 한 가지 문제를 먼저 생각해야 하겠습니다. 우리 한글 성경에는 이름이 다섯 가지가 나옵니다. 기묘자, 모사, 전능하신 하나님, 영존하시는 아버지, 평강의 왕입니다. 다른 이름들은 두 단어로 이루어져 있는데 첫째와 둘째 이름만 한 단어입니다. 그러나 더 좋은 번역은 첫째와 둘째 말도 합쳐서 한 이름으로 만드는 것입니다. 그럴 경우 첫 번째 이름은 '기묘한 것을 모사하는 자'가 됩니다.

이런 이름은 왕에게 있어서는 그의 중요한 사역을 가리킵니다. 왕은 항상 계획을 만들어야 합니다. 특히 백성이 위험 상태에 처해 있을 때에 그들을 구하기 위하여 계획을 세워야 합니다. 이처럼 이스라엘의 장차 태어날 왕도 계획을 아주 잘 만드는 분이십니다. 그가 모사하는 것은 사람들이 생각해 보지도 못한 놀라운 것들입니다. 그가 만든 구원의 계획은 사람의 마음에서 나온 것이 아니라 사람들의 기대를 초월하는 것입니다.

다음으로 생각할 이름은 '전능하신 하나님'입니다. 여기에 그 왕의 신성이 왜 그렇게 중요한지 잘 나타납니다. 그가 좋은 계획을 세우기만 하고 그것을 능히 성취하지 못한다면 그 계획이 백성들에게 무슨 도움이 되겠습니까? 그러나 그는 전능하신 하나님이기도 하므로 자신이 계획한 것을 다 이루실 수 있습니다. 어려운 상황에 처한 이스라엘 백성에게는 이 사실이 큰 위로임에 틀림없습니다. 미래의 왕은 그의 구원 계획을 그의 신적 능력으로써 다 성취하실 것입니다.

그 왕의 셋째 이름은 '영존하시는 하나님'입니다. 그 이름의 의미는 그가 영원토록 아버지처럼 백성을 돌보시리라는 것입니다. 그 당시 왕들 중 어떤 사람들은 백성을 돌보기는커녕 자기 유익과 영광을 위하여 백성을 압박한 자도 있었습니다. 그러나 하나님께서 약속하신 미래의 왕은 그런 왕이 아니라 아버지처럼 백성을 돌보시는 왕입니다. 뿐만 아니라 그는 영원토록 계속해서 아버지처럼 그들을 도울 것입니다. 그는 영원한 아버지이기 때문입니다. 영원토록 그 왕이 백성을 안전하게 보호하실 것이라는 사실은 우리에게 큰 위로가 됩니다.

그분의 네 번째 이름은 '평강의 왕'입니다. 즉, 그는 평강을 이루실 왕입니다. 다른 나라들의 압박 아래에서 고생하는 이스라엘에게는 그 약속 또한 아주 귀한 것입니다. 항상 전쟁의 그림자 아래서 사는 대신에 그들의 미래는 영원한 평화에 둘러싸일 것입니다. 전쟁도 없고 전쟁에 따르는 파멸도 없어질 것이며, 생활을 안정되고 조용하게 일할 수 있는 상태가 될 것입니다. 바로 그런 상태가 미래의 왕으로 인하여 올 것을 하나님께서 약속하셨습니다.

이렇게 네 가지 이름 속에서 완전한 구원 사역이 언급되고 있습니다. 약속의 왕은 기묘한 일들을 모사하는 자로서 구원의 놀라운 계획을 생각하실 것입니다. 그분은 전능하신 하나님으로서 구원계획을 성취하실 것입니다. 또 그분은 영원한 아버지로서 영원토록 백성을 구원 안에서 보호하실 것입니다. 또 그분은 평강의 왕으로서 구원의 결과인 평화를 이루실 것입니다.

그래서 이 약속은 이스라엘 백성이 나중에 더이상 핍박을 당하지 않고 두려움 없이 살 수 있다는 것을 다 포함합니다. 이사야의 예언은 정말 이스라엘을 기쁘게 하는 말씀입니다. 또 그 당시 이스라엘에게 약속된 왕은 성탄절에 베들레헴에서 아기로 태어나셨습니다. 우리는 매 해마다 구원의 계획을 세우시고 이를 완전히 성취하실 왕의 탄생을 축하하는 것입니다. 그는 이렇게 놀라운 구원자이기 때문에 우리가 그를 신뢰하면서 이 세상에 살아가고 있는 것입니다.

Ⅲ. 예수님의 왕국을 소망하며……

한 가지 놀라운 일은 아직까지 언급하지 못했습니다. 이사야는 "한 아기가 우리에게 났고", "한 아들을 우리에게 주신 바 되었는데"라고 했습니다. 그래서 그 왕의 태어남은 바로 이스라엘을 위함이 됩니다. 하지만 왕이 태어나기까지는 700년 이상이 걸립니다. 그때가 되면 이 예언을 처음 들은 사람들은 모두 죽은 후입니다. 그렇다면 현재의 곤궁 속에서 살아가는 백성에게 이 예언이 무슨 위로가 되겠습니까? 약속된 왕은 이스라엘을 그 원수의 손에서 전혀 구원하지도 못했습니다. 하나님께서 이 예언을 통해 그 백성에게 가르치고자 한 것은 현재의 구원이 아니라 미래의 구원을 기다려야 한다는 것입니다.

더군다나 그들이 바라보아야 할 왕국도 그들이 알고 있는 왕국들과는 전혀 다른 것입니다. 그들의 소망의 내용은 그들의 나라가 곧 강대한 나라가 되리라는 것이 아니라, 오히려 하나님께서 그들이 죽은 다음에 새로운 왕국을 세우시리라는 것입니다.

7절이 말하는 것처럼 그 나라의 왕은 영원토록 공평과 정의로 그 나라를 보존하실 것입니다. 그 왕국의 기초는 하나님이 공포하는 명령, 하나님의 규칙과 하나님의 계명입니다. 그 왕국의 시민들은 그 명령대로 살아야만 합니다. 그래서 이 예언의 말씀의 강조점은 왕이 바깥의 원수들을 공격하리라는 데 있는 것이 아니라 자기 왕국의 백성을 변화시키리라는 데 있습니다. 백성이 자기의 공평과 정의로 다스리는 그 나라에 살도록 그들을 하나님의 명령을 지키는 사람들로 변화시킬 것입니다. 약속된 평화는 외적으로 조용할 뿐만 아니라 내적 순종을 포함하는 것입니다.

이렇게 이스라엘 백성의 소망의 왕국은 세속적 성공을 이루는 왕국이 아니라 하나님의 명령을 순종하는 왕국입니다. 또 성탄절에 태어난 왕은 그 왕국을 세우러 오셨습니다. 이제 이 태어남을 축하하는 우리는 그 왕에게서 무엇을 기대할 수 있을지를 잘 알게 되었습니다. 그것은 어떤 세상적 나라가 아닙니다. 그래서 우리 형편 속에 왕이신 그리스도에게서 기대할 수 있는 것은 세상적 성공, 세상적 평화, 문제없는 생활 등이 아닙니다. 우리가 기대할 수 있는 것은 원수의 공격이 없는 하늘나라, 영원한 평화, 죄 없는 삶입니다. 그 왕국은 예수님이 재림하실 때 이 세상에 굳게 설립될 것입니다.

결 론

성탄절은 우리로 하여금 뒤를 되돌아보면서 아기 예수님을 바라보도록 하는 것이 아니라 미래를 내다보며 왕이신 예수님의 오심을 바라보도록 합니다. 이스라엘은 그 왕국을 멀리에서 바라보며 살았고 우리는 보다 가깝게 그 왕국을 바라보며 살아가는 것입니다. 동시에 이스라엘처럼 우리에게도 어려운 상황 속에서의 소망은 이 세상 안에서 어려움 없이 사는 것이 아니라 완전하고 영원한 예수님의 왕국인 것입니다.

하나님의 완전한 구원 사역은 예수님의 탄생과 관련되어 있습니다. 우리는 예수님의 탄생을 이러한 하나님의 구원 사역과 연결지어서만 그 참된 의미대로 이해할 수 있는 것입니다. 하나님의 구원을 많이 생각할수록 오늘 이 성탄절을 더욱 즐겁고 복되게 보낼 수 있을 것입니다.

제5장 구속사적 설교와 한국 교회

제5장 구속사적 설교와 한국 교회

미국의 설교 역사학자 다간(Edwin C. Dargan)은 "교회사란 바로 설교의 역사"라고 말했다. 그것은 교회가 성장하고 교회다운 자기 모습을 나타내는 것은 하나님의 말씀이 정확하게 증거될 때라는 말이다. 그러므로 설교의 흥망과 교회의 흥망성쇠가 항상 같이한다는 사실이 매우 중요한 것이다. 세계 교회 역사를 보더라도 하나님의 말씀이 말씀답게 뜨겁게 확신 있게 증거될 때는 교회가 힘 있는 교회요, 능력 있는 교회가 되었지만 교회가 쇠퇴할 때는 반드시 강단의 쇠퇴로부터 왔다는 것이다.

설교는 하나님의 구원 사역의 연장이다. 하나님은 설교를 통해서 개인들과 만나시고 그들의 영혼을 붙잡으신다. 오늘날의 강단은 언어적 기교는 윤택하다. 그러나 성경이 말하고 있는 구속사적 복음은 빈약하다. 성경이 예수 그리스도를 증거한다면 설교도 그렇다.

한국 교회가 성장하고 축복받은 배후에는 비판의 여지도 많을 것이다. 그러나 한국 교회 지난날에 우리 선배들이 눈물과 땀과 피를 바친 순교적인 자국이 있다는 것을 기억해야 한다.

지금까지 살펴본 구속사적 설교와 한국 교회의 설교의 현장을 비교함으로써, 문제점은 무엇인지 갈파하고 구속사적 설교의 필요성을 제시하고자 한다.

1. 한국 교회 설교 비판

한국 교회를 어떻게 보느냐? 필자의 견해는 긍정적인 차원에서 보고 싶다. 한국 교회가 설교뿐만 아니라 교회 성장에 있어서도 비판적인 안목을 가지고 보면 얼마든지 비판을 받아야 될 것이다. 그러나 한국 교회를 긍정적인 측면에서 보면서 한국 교회의 설교와 구속사적 설교의 원리를 비교하면 어떤 문제가 있는가 고찰하고자 한다.

교회를 어떻게 하면 성장시킬 수 있는가? 서론에서 밝힌 바와 같이 하나님의 말씀이 제대로 증거될 때 교회가 성장한다. 사도행전 6장 7절 말씀에 보면 "하나님의 말씀이 점점 왕성하여 예루살렘에 있는 제자의 수가 더 심히 많아지고 허다한 제사장의 무리도 이 도에 복종하니라"고 하였다. 하나님의 말씀의 선포가 없이는 구원의 역사도 교회도 있을 수 없다는 말일 것이다. 왜냐하면 기독교는 설교의 종교요, 예수 그리스도의 성육신과 죽으심과 부활 사건 위에 기초한 종교이기 때문이다.

이제 한국 교회는 선교 2세기를 향하여 몇 발자국 앞으로 내딛었다. 그런데 교회의 존재 의미를 규정하는 강단의 말씀 선포가 한국 교회와 민족 앞에 어떻게 표현되고 도전했었는가를 뒤돌아보는 성찰은 별로 없었던 것 같다. 교회가 참으로 교회되어지는 기준이 바로 하나님의 말씀이 바르게 선포되는 것이라고 할 때, 한국 교회의 설교 모습은 어떤 것이었나를 살피는 것은 의미 있는 일이다. 그런 뜻에서 한국 교회 강단에서 외쳐졌던 설교들은 바로 한국 교회의 신학이며, 신앙고백이며 사상이다.

전 세계적으로 신학교가 많아서 골치 아픈 정부는 우리 한국밖에 없을 것이다. 선교 1백 년의 짧은 역사를 가지고 있지만 세계 선교 역사상 유래가 없는 폭발적인 부흥의 역사는 무엇보다도 하나님의 은혜와 축복이다. 뿐만 아니라 설교학적인 입장에서 볼 때에 이 땅에 눈물과 땀과 피를 바친 주님의 종들이 하나님의 말씀을 뜨겁게 선포하였기 때문이다. 그러므로 구약에 있어서나 현금에 있어서도 설교자가 없는 시대는 비극의 시대이다. 예를 들면 17세기 말에서 19세기까지를 보아도 설교자들이 계몽주의 사상과 야합했을 때 강단에서 헛소리하니까 교회가 형편없이 되었다. 신학이 바깥에서 뭐라 해도 강단이 그리스도의 피 묻은 복음을 든든히 붙잡고 나가면 흔들리지 않는다. 그런 의미에서 보면 한국 교회는 성공한 교회다. 한국 교회 설교에 대한 비판이 많겠지만, 우리 한국 교회는 십자가의 피 묻은 복음을 증거한 것은 사실이다.

앞에서 구속사적 설교의 원리가 무엇인가를 살펴보았다. 본 장에서는 성경적인 설교인 구속사적 설교 원리를 기초로 하여 한국 교회 강단에서 선포되었던 역사적 본문에 대한 설교를 분석하고, 드러나는 문제점을 지적하여 복음적인 강단 회복을 위한 구속사적 설교의 필요성을 제창하고자 한다.

설교 분석을 위하여 참고한 것은 한국문서선교회에서 발행한 「한국의 명설교」(상, 하)이다.[1] 여기에는 각 교단에서 대표할 만한 목사들의 98편의 설교가 편집되어 있다. 이 설교집을 분석하는 데는 한국 교회의 설교에 구속사적 설교가 행해지고 있는지, 있다면 어느 정도인지 지식을 얻는 데에는 무리가 없을 것으로 생각한다.

1) 역사적 본문이 한국 교회 설교에 차지하는 비중

구속사적 설교를 할 때에는 먼저 역사적 본문을 기초로 한다. 역사적 본문이란 역사 속에서 하나님이 하신 일을 선포하는 것이다.(Proclamations of God's Acts in History)

구속사적 설교를 할 때 역사적 본문은 선포된 역사(Proclaimed History)와

---

1) 한국문서선교회 편, 「한국의 명설교」 상, 하권(서울: 한국문서선교회, 1978).

역사적 선포(Historycal Proclamation)를 동시에 포함한다.[2] 이것은 역사적 본문을 통해 하나님은 '그리스도 안에서 자신을 계시'하시는 것이다.

설교자들이 역사적 본문을 모범의 목적으로 사용하는 것을 부당하다고 여기지는 않는다. 사실 역사적 본문은 다양한 방법으로 유익하게 쓰일 수 있다.[3] 역사적 본문을 가지고 구속사적 설교를 한다고 해서 그 범위가 좁아지는 것은 아니다. 교의적, 윤리적, 역사적, 정치적, 심리적 등 여러 방면으로 접근이 가능하다. 다만 구속사적 설교가 역사에 나타난 하나님의 구속 행위를 선포하느니만큼 케리그마적인 성격을 띠게 된다. 교회에 선포된 케리그마는 인간의 행위나 인간의 모범적인 행위를 말하는 것이 아니다. 하나님의 행위를 선포하는 것이다. 그러므로 구속사적 설교는 역사적인 본문을 선택하여 하나님중심의 설교를 해야 한다. 역사적 본문을 해석할 때 사람들의 전기를 끄집어내어 설교하려고 해서는 곤란하다. 인간을 향하신 하나님의 구속적인 행위를 선포해야 한다.

그렇다면 무엇이 역사적 본문인가? 역사적 본문을 가려내는 것은 쉽지만은 않다. 왜냐하면 역사적 본문이란 용어가 어떻게 규정되어야 하느냐 하는 것 때문이다. 성경 본문은 특수한 역사적 상황에서 생겨나고 또 그 상황에서 말한 것이기 때문에 모든 본문이 역사적이라고 불릴 수 있다.[4] 그러나 역사적 본문이란 용어는, 예를 들면 예언적이거나 시적, 또는 교의적 본문과 구별된다. 어떤 역사적 사건에 대한 본문을 의미한다.

한국 명설교집 98편의 설교를 분석한 결과 구약에 관한 것은 33편이다. 이 중에 역사적 본문에 관한 것은 12편이었고, 신약에서도 65편 중 27편이 역사적 본문에 관한 설교였다. 신, 구약의 역사적 본문이 98편의 설교에서 39편이었다. 그러나 이 중에 대부분이 모범적 설교였다. 이것을 백분율로 도표화하면 다음과 같다.

---

2) 정성구, "구속사적 설교의 원리와 방법", p.29.
3) S. Greidanus, p.236.
4) Ibid., p.46.

〈표 1〉

구약 본문	98편 중 33편	34%
신약 본문	98편 중 65편	66%
구약의 역사적 본문	33편 중 12편	36%
신약의 역사적 본문	65편 중 27편	42%
구약의 역사적 본문에 대한 구속사적 설교	12편 중 2편	17%

〈표 1〉을 보면 역사적 본문이 한국 교회에서 비교적 많이 취급되고 있다. 그러나 대부분이 모범적 설교였다. 즉 하나님의 말씀이 하나님의 말씀으로서 올바르게 선포되지 못하고 있다는 증거 자료가 된다.

2) 규범과 설교 분석

구속사적 설교의 원리에 의한 구약의 역사적 본문 12편을 분석하기 위하여 다음과 같이 규범을 유추하였다.[5]

〈규범 1〉 설교의 내용이 삼위 하나님중심적인가?[6]

〈규범 2〉 계시의 발전 과정에 있어서 역사적인 점진성이 추구되고 있는가?

〈규범 3〉 성경 본문으로부터 주석하고 있는가?

〈규범 4〉 구속사적 설교가 요구하는 본문적 주제설교인가?[7]

〈규범 5〉 설교 본문의 단위(Unit) 문제에 대하여[8]

〈규범 6〉 성경 밖의 예화 사용 문제에 대하여[9]

---

5) 유부웅, "성서적 설교와 한국 교회의 강단", (목회학박사학위논문, 아세아연합신학대학교대학원, 1984), p.74.

6) S. Greidanus, p.38.

7) 정성구, 「설교학 개론」 pp.103-108.

8) S. Greidanus, p.371.

9) 고재수, pp.206-207.

이상의 규범 1에서 규범 5까지의 물음에 대한 분석 수치가 높을수록 역사적 본문이 구속사적 방법으로 설교가 되었다는 뜻이고, 그 반대일 경우는 모범적 방법으로 설교가 되었다는 것이다. 규범 6의 경우는 전자의 경우와는 정반대이다.

그러면 위에서 언급한 규범을 가지고 12편의 구약의 역사적 본문에 대한 설교를 분석해 보자.

A. 〈규범 1〉에 대한 분석

강하게	2편	17%
보통으로	3편	25%
약하게	7편	58%

B. 〈규범 2〉에 대한 분석

강하게	0편	0%
보통으로	4편	33%
약하게	8편	67%

C. 〈규범 3〉에 대한 분석

강하게	2편	17%
보통으로	3편	25%
약하게	7편	58%

D. 〈규범 4〉에 대한 분석

| 제목설교 | 10편 | 84% |
| 본문적 주제설교 | 2편 | 16% |

E. 〈규범 5〉에 대한 분석

| 적 절 | 7편 | 58% |
| 부적절 | 5편 | 42% |

F. 〈규범 6〉에 대한 분석

| 많 다 | 9편 | 75% |

적 다   3편   25%

이상의 설교 분석을 준하여 도표화하면 다음과 같다.

〈표 2〉

규 범	표현 정도	특 징
〈규범 1〉	아주 약하게 표현됨	인간중심적
〈규범 2〉	전혀 표현되지 않음	무역사적(Anti Historical)
〈규범 3〉	아주 미약하게 표현됨	주석의 문제
〈규범 4〉	전혀 표현되지 않음	제목설교
〈규범 5〉	비교적 긍정적으로 표현됨	본문단위 문제(Unit)
〈규범 6〉	강하게 표현됨	예화 문제

표 2에서 보면 역사적 본문이 역사적 본문으로서 선포되지 못하고 있음을 뚜렷하게 알 수 있다.

표 1에서 보여주고 있는 것처럼 역사적 본문의 설교가 한국 교회 설교의 33%를 차지하고 있으나, 거의 대부분 잘못 설교되고 있다는 것은 한국 교회 강단의 위기라고 해도 지나친 표현이 아닐 것이다. 이제 보다 더 구체적으로 분석하여 비판해 보자.

3) 분석에 의한 비판

A. 〈규범 1〉에 대한 비판

〈규범 1〉에 근거하여 나타난 구약의 역사적 본문에 대한 특징은 하나님 중심이 아니라 인간중심이다. 인간중심적 설교일 때 드러나는 문제가 몇 가지 있다.

첫째, 인간중심의 설교는 하나님의 계시를 바르게 드러낼 수 없다.[10]

둘째, 인간중심을 극대화시키면 모범주의에 빠질 위험성이 있다.[11]

역사적 본문을 인간중심으로 출발하면 인간을 구원하려는 하나님의 계시를 증거하는 것이 아니라 인간의 선을 모범으로, 악을 경고의 교훈으로 받게 된다. 이것은 하나님의 구속사를 세속사로 전락시키는 행위이다. 이와 같이 역사적 본문을 비성경적으로 설교하는 것으로부터 경계하기 위하여 몇 가지 고려할 것이 있다.

첫째, 성경은 하나님의 자기계시라는 것이다. 그러므로 역사적 본문도 하나님의 자기계시이다.[12]

둘째, 하나님은 오직 중보자를 통하여 그의 은혜로 자신을 계시하신다.[13]

셋째, 예수 그리스도는 하나님과 사람 사이에 중보자가 되실 뿐만 아니라 언약의 머리(The Head of The Covenent)도 되신다.

여기서 그리스도와 우리와의 관계에 대한 다른 면을 볼 수 있다. 예수 그리스도는 자기 백성의 머리(He Head of His People), 즉 둘째 아담(The Second Adam)이 되시는 것이다. 그러므로 성경에서 그리스도를 말할 때 언약에 대한 언급을 함께 해야 한다. 이 세 가지를 고려하여 설교할 때 성경이 인간중심적으로 전락하는 것을 막을 뿐만 아니라 하나님의 은혜의 계시를 밝히 드러낼 수 있다.[14]

그러면 설교집의 실례를 살펴보자. 김장환 목사는 창세기 35장 1-2절까지의 본문을 근거로 "벧엘로 돌아가자"는 제목의 설교를 하였다.[15] 본문의 단위(Unit)가 적합하게 선택, 구분되었는가는 나중에 언급하기로 하고, 설

---

10) S. G. DE. 그라아프, 「약속 그리고 구원」, 박권섭 역(서울: 크리스챤서적, 1989), p.20.
11) C. 트림프, 「설교학 강의」 p.74.
12) S. G. DE. 그라아프, p.22.
13) Ibid., pp.82-94.
14) Ibid., pp.18-20.
15) 한국문서선교회 편, pp.82-94.

교가 하나님중심적인가 하는 데에 초점을 가지고 보자.

김장환 목사는 서론에서 야곱의 인간상 특히 그의 성취욕과 능력을 부각시키면서 "돌아가라"는 제목의 의미가 무엇을 말하는지 다음과 같이 대지를 나누었다.16)

첫째는, 야곱에게 첫사랑을 기억시키기 위해서가 아닌가 생각합니다.

둘째는, 과거의 좋은 생활을 추억시키기 위해서란 말씀을 생각해 보겠습니다.

셋째는, 하나님께서는 하나님의 말씀으로 돌아가라고 하시기 위해 야곱을 벧엘로 부르셨습니다.

넷째는, 야곱에게 봉사의 뜻을 다시 한번 환기시키기 위해서 가라고 하지 않았나 생각이 됩니다.

위와 같이 4대지로 분류하여 '돌아가라'는 의미를 추구하면서 각 대지의 결론은 야곱의 부정적인 모습을 떨쳐 버리도록 경고한다.

본 설교의 결론에서 김장환 목사는 말하기를 "여러분들이 만약 야곱과 같은 생활을 하셨다면 이제라도 늦지 않았으니 주님의 품안으로 돌아오시는 여러분들이 되시기를 바랍니다"라고 한다.17) 이것은 서론에서 야곱의 부정적인 모습을 문제의식으로 도입한 논리적 귀결이다.

그러나 김장환 목사가 설교한 창세기 본문이 야곱의 신앙에 초점을 맞추어야 하느냐이다. 창세기 35장을 보면 하나님은 야곱에게 명령하신다. 명령을 받은 야곱은 우상을 버리고 벧엘로 올라갔다. 하나님은 앞서 야곱을 인도하신다. 하나님은 야곱을 통하여 자신을 계시하신다. 그것을 추구하는 것이 본문의 목적이지 야곱의 신앙이 아니다. 본문에서 하나님은 거룩성을 드러내셨으며, 자기 백성도 거룩해져야 함을 계시하신다.18) 보다 넓게는 하나님은 아브라함과 맺은 언약을 성취하시기 위하여 야곱의 많은 허물에도

---

16) Ibid.
17) Ibid., p.86.
18) S. G. DE. 그라아프, p.242.

불구하고 그를 인도하신다. 이는 하나님의 신실성을 계시한 것이다.[19] 야
곱은 자신의 허물이 많음에도 불구하고 하나님의 신실성을 깨달았을 때 위
로와 큰 힘을 얻었을 것이다. 하나님의 계시를 믿고 야곱이 벧엘로 올라갈
결심을 하였을 것이다. 그런데 김장환 목사는 하나님의 계시의 설명도 없이
벧엘로 돌아갈 것을 웅변적으로 호소하지만, 설교자의 요구대로 결단적인
응답이 나오겠는가? 이것을 크레이다누스는 비판한다. "하나님의 직설법을
버리고, 명령법만 취하여 설교가 도덕적, 윤리적으로 전락하고 말았다"[20]

그라아프도 역사적 본문이 인간중심이 되어서는 안 되는 것을 요셉의 예
를 들어 설명한다.[21] 설교자들이 구약성경 가운데 요셉의 이야기를 가지고
많이 설교한다. 그런데 이 사건의 초점을 악한 형들과 요셉에게 맞춘다고
생각해 보자. 그 결과 성경 기록의 주관자 되시는 하나님을 지나쳐 버리게
된다. 요셉을 전후한 모든 사건들은 하나님께서 자기의 백성을 구원하시기
위한 섭리였다.

그러므로 성경이 말하고자 하는 것은 요셉보다도 하나님이시다. 이것이
구속사적 설교의 기초적인 것이다. 지금까지의 설교한 내용들을 보면 대개
성경의 특별한 인물을 설정하고 그의 행위, 그의 신앙, 실수 등에 대한 교훈
을 본받고자 한다. 그래서 간증과 설교를 구별할 수 없게 되고, 설교가 위인
전기처럼 된다. 물론 설교할 때 성경에 있는 인물에 대해서 말한다. 그렇지
만 하나님께서 그들을 통해서 하신 일이 무엇인지를 말해야 한다. 그런 다
음에 하나님의 구원의 은혜와 사랑에 대한 그들의 반응을 말해야 한다. 성
경에 기록된 인물의 삶과 신앙을 말하기 전에 하나님께서 하신 일이 전제되
어야 한다.[22] 구속사적 설교를 할 때 역사적 본문에 나타난 하나님의 자기
계시를 깨닫는 것은 중요한 일이다.

---

19) Ibid., p.244.
20) S. Greidanus, p.79.
21) S. G. DE. 그라아프, p.20.
22) Ibid., p.21.

다음은 〈규범 1〉에 대한 두 번째 관점을 보자. 즉 역사적 본문을 인간중심적으로 설교할 때, 이것을 극대화하면 성경이 '현대 모범주의'의 무기로 사용될 위험성이 있다.

최훈 목사는 "법궤를 모신 비느하스"(사사기 20장 24-27절)라는 제목으로 설교하면서 비느하스라는 인물의 신앙에 초점을 두고 그의 신앙을 본받을 것을 호소한다.[23) 그의 설교 대지는 다음과 같다.

하나님의 법궤를 모신 비느하스는 어떠한 사람입니까?

1. 하나님의 진노를 풀어 드리고 자기 민족을 구출한 사람이라고 하였습니다.
2. 하나님의 제단을 바로 파수한 사람이라고 하였습니다.
3. 하나님의 법궤와 운명을 같이하는 사람이라고 하였습니다.

결론은 "이와 같이 우리도 사사기와 같이 혼란한 시대에 비느하스와 같은 신앙을 갖고 살아갑시다"라고 한다. 그의 탐구력은 탁월하다고 할 수 있다. 비느하스의 행적을 깊이 추구하여 우리의 모범으로 제시한다. 그러나 하나님의 계시를 드러냈는가의 문제는 앞에서 살펴보았다. 여기서 보고자 하는 것은 역사적 본문에서 한 인물을 떼어내어 추구하여 들어가면 '현대 모범주의'의 위험에 빠지게 된다.

최훈 목사는 1대지에서 민수기 25장 10절을 들어 비느하스의 행적을 추구한다. "여호와께서 모세에게 가라사대 제사장 아론의 손자 엘르아살의 아들 비느하스가 나의 질투심으로 질투하여 이스라엘 자손 중에서 나의 노를 돌이켜서 나의 질투심으로 그들을 진멸하지 않게 하였도다" 이 구절을 들어 비느하스의 과거의 행적 즉 비느하스가 손에 창을 들고, 음행하는 회중 속에 뛰어 들어가, 방금 이스라엘 남자 시므리가 미디안 여자 고스비와 음행하는 것을 보고 창으로 그 남자와 여자의 배를 찔렀던 사건을 상기시키면서 비느하스의 죄에 대한 분노를 배울 것을 촉구하고 있다.[24)

---

23) 한국문서선교회 편, pp.417-426.
24) Ibid., p.420.

그러면 비느하스라는 인물에 대하여 신학적, 역사적으로 더 깊이 들어가 보자. 이스라엘 역사에 있어서 '열성'은 이른바 '열성신학의 전승사'를 가지고 있다. 그러니까 B.C. 164년에 안티오커스의 유대교 말살정책에 마카비 형제들의 반란이 있었는데, 이들은 '하나님의 명예와 언약에 열성'을 가진 사람은 모두 따를 것을 촉구한다. 이때 마카비 형제들의 모범은 비느하스였다. 비느하스가 이스라엘 백성이 간음할 때 '하나님의 명예와 이스라엘의 순결을 위하여' 창을 들어 찔러 죽였다 하여 열성신학의 대표자가 되었다. 민수기 25장 1-18절, 시편 106편 31절, 마카비 1서 2장 21절, 26절, 54절, 마카비서 18장 12절 등에서 비느하스가 하나님을 위하여 열성을 가진 자로서, 이스라엘의 순결을 더럽히고, 하나님의 이름을 더럽힌 자를 창으로 찔러 피 흘림이 이스라엘 민족을 위한 속죄로 인정되었다. 마카비 형제들도 마찬가지로 마카비 1서 2장 23절 이하에 보면 이스라엘의 순결을 짓밟고 율법과 성전을 더럽히고, 하나님의 명예를 더럽히는 자들을 죽임으로서 하나님께 예배하고 제사를 드린 것으로 본 것이다.[25] 이런 열혈당 운동은 오늘의 해방신학과 맥을 같이한다고도 볼 수 있다.

이렇게 비느하스의 신앙심을 주장한 것이 얼마나 위험한가?

역사적 본문을 구속사적 방법으로 설교하지 않으면 모범주의에 빠질 위험성이 있다. 이는 모범설교의 폐단이다. 구속사적 설교만이 성경이 현대신학의 무기로 남용되고 오용되는 것을 차단할 방법인 것도 보여주고 있다.[26]

B. 〈규범 2〉에 대한 비판

〈규범 2〉에 나타난 구약의 역사적 본문에 대한 한국 교회 설교의 특징은 계시 과정이 전무하다. 역사성이 완전히 무시되어(Anti Historical) 그때(Then)와 지금(Now)이 성경적으로 아무런 여과 없이 동일하게 적용되었다는 것이다.

---

25) 김세윤, 「신약신학 강의노트」 서울, 서대문, 아세아연합신학대학교대학원, 1988.
26) C. 트림프, 「설교학 강의」 p.74.

이것은 역사의 발전성과 통일성을 간과하고 본문의 특정 인물이나 사건을 단편화하여 역사와 완전히 분리시켜 해석한 경우이다.[27] 이런 경우 역사 속에 나타난 하나님의 계시가 바르게 파악될 수 없다. 12편의 설교가 이 위험성을 안고 있다. 〈규범 2〉는 계시 성격상 〈규범 1〉과 밀접하여 사례별 설교는 살피지 않았다. 〈규범 1〉의 분석과 비판이 〈규범 2〉의 분석과 비판을 많이 함유하고 있다.

C. 〈규범 3〉에 대한 비판

〈규범 3〉에서 보면 구약의 역사적 본문에 관한 한국 교회 설교의 특징은 본문 주석이 거의 이루어지지 않고 있다. 자기 상황이나 사상에서 출발하여 성경을 해석한다.

김장환 목사는 출애굽기 17장 1-7절을 본문으로 "광야, 반석, 생수"라는 제목으로 설교하였다. 이 설교를 본문 주석의 관점에서 살펴보자.[28]

그는 결론에서 이스라엘 백성들이 어떻게 출애굽하여 르비딤에 도착했는가를 서술하면서 즉시 광야의 반석과 예수 그리스도를 연결시키고 있다. 고린도전서 10장 4절을 들어 반석과 예수 그리스도를 연결시킨다. 그 외에 아무런 설명이 없다. "이스라엘 백성은 광야의 반석에서 생수를 마셨습니다. 오늘 우리는 반석이신 예수 그리스도로부터 흘러나오는 생수를 마셔야겠습니다" "목마른 자들아 다 내게로 오라, 돈 없는 자도 오라, 거저 마셔라, 거저 먹어라" "이렇게 말씀하고 계시는 예수님으로부터 생수를 받아 마셔야겠습니다. 반석이신 예수 그리스도께서 광야 같은 이 세상에 오셨습니다" "마른땅에 시냇물 같으며 곤비한 땅에 큰 바위 그늘 같으리니" "이사야 32장 2절의 말씀입니다. 반석은 거처가 있습니다. 반석은 안전합니다. 반석은 영원합니다. 반석은 강합니다" 이상은 그의 설교의 요약이다.

본문 주석을 살피기 전에 그의 설교 서론을 통해 어떻게 역사적 본문에

---

27) S. Greidanus, pp.123-125.
28) 한국문서선교회 편, p.95.

접근하였나를 보면 그의 설교 요약에서 본대로 결론은 예상된 것이다. 그는 출애굽기 17장을 설교하기 위해 그 당시까지 진행되어 온 역사적 사건을 나열하였다. 그 역사적 사건이 본문 주석을 위해서 무슨 의미가 있는지 신학적인 사고를 전혀 하고 있지 않다.

김영철 교수는 출애굽의 역사적 사건을 취급할 때는 다음과 같은 점이 고려되어야 된다고 말한다.

> 출애굽 사건을 압박받는 한 민족을 압박의 고통에서 해방시켜 내었다는 데서 그 의미가 그치는 것이 아니다. 이 사건은 하나님께서 모세를 통해 이스라엘 백성과 맺을 언약을 전제한 구원 사역인 것이다. 뿐만 아니라 하나님의 언약들의 공통적 본질이 구원이며 이 구원의 궁극적인 성취가 그리스도에게서 이루어졌음을 감안할 때, 출애굽 사건은 그리스도께서 완성하신 전우주적 구원의 '축소판 실재'라고 할 수 있는 것이다. 그러므로 출애굽 사건의 의의를 제대로 파악하려면 「애굽에서 나왔다」는 한 가지 사실만이 아니라 이후에 이어지는 모든 과정이 반드시 고려되어야 한다. 바꿔 말하면, 하나님께서 이스라엘 백성을 애굽에서 건져내셔서 약속의 땅 가나안에 이르게 하실 때까지 그분의 인도하심과 보호하심, 함께하심이 고려될 때 올바르게 해석된다.[29]

이러한 관점이 서론 도입부터 김장환 목사의 설교에는 전혀 고려되어 있지 않다. 그는 하나님의 구원 계획에 대한 본문 주석이 없이 구약에 나온 반석과 예수 그리스도를 다짜고짜 연결시킨다. 이는 성경을 하나의 옷걸이(Pin)로 사용하여 은혜를 억지로 뒤틀어 짜는 격이 아닐까? 이는 대부분 한국 교회 설교의 취약점이기도 하다. 그는 광야에서 반석이 어떻게 예수 그리스도와 연결될 수 있는가를 추구했어야 했다. 이스라엘 백성에게 있어서 반석의 생수가 앞으로 성취될 그리스도의 구원이 이루어질 것을 믿으며 기뻐하였다면, 오늘 우리들에게는 예수 그리스도께서 오셔서 완전히 구원을 이루어 놓으셨는데 얼마나 기뻐할 수 있는 일이겠는가? 구약의 성도들이 오

---

29) 김영철, p.32.

실 메시야를 바라보고도 기뻐하였다면, 구원을 성취하신 풍요로운 계시 가운데 사는 신약 성도들은 더더욱 기쁘기 한량없는 일이다.[30] 이런 계시 발전의 풍요로움을 깨달을 때 그 설교를 듣고 믿음이 세워진다. 아무런 설명도 없이 다짜고짜로 반석과 예수 그리스도를 연결시킨 메시지를 듣고 구원의 기쁨이 일어나겠는가?

그러면 반석의 생수가 무슨 의미가 있는지 구속사적 입장에서 본문 주석에 기초한 설교를 보자. 출애굽기 17장 6절의 원문에 보면 "보라! 내가 서리라"로 시작된다.[31] 여호와께서 서는 장소에 대한 표현이 세 가지로 나타나는데 "너를 대신하여" "네 앞에" 그리고 "거기서" 끝으로 "호렙산 바위 위에"이다. 이에 대한 세 가지 해석을 살펴보면,[32] 첫째, "네 앞에"라는 말과 함께 쓰여서 '종의 자세'를 나타낸다. '누구 앞에 서다'라는 표현은 주인 앞에서 명령을 받아 수행하려는 종의 자세를 의미한다. 둘째, 첫째 해석과는 정반대의 입장이다. "네 앞에"라는 표현이 '서다'라는 말과 함께 쓰임은 하나님 자신이 모세의 감독자가 되시겠다는 뜻이다. 하나님께서 모세에게 "내가 네 앞에 서 있을 테니 너는 지팡이로 반석을 치면 물이 정말 나올까? 걱정하지 말고 나를 믿고 시키는 대로 하라"고 하신 것이다.[33]

셋째, 위의 두 해석과는 양상이 다른 해석이다. 이 해석은 장소에 대한 세 가지 표현을 모두 묶어서 모세가 반석을 내려치는 행위와 연결시켜 나타난 것이다. 이 해석에 의하면, 여호와께서는 모세 앞에, 모세가 반석을 내려칠 바로 그 지점에 계시는 것이다. 모세가 반석을 내리쳤지만 여호와께서는 자신이 얻어맞으시고 패역한 자기 백성을 살리시려고 마실 물을 주셨던 것이다. 이렇게 이해하는 사람들은 고린도전서 10장 4절의 "그 반석은 곧 그리스도라"는 말씀에 근거를 두고 있다. 이런 기초 위에서 그리스도께서

---

30) Ibid.
31) R. Kittel, <u>Biblia Hebraica</u> (Stuttgart: Privileg Wurttembergische Bibelaustalt, 1937), p.105.
32) 김영철, p.37.
33) Ibid., p.38.

성육신하기 이전에 실제로 이 사건에 임재하셨으며, 따라서 여호와라는 표현은 그리스도를 가리킨다. 그리스도가 얻어맞으시고 생명의 물을 내신 것은 그가 이루실 십자가 사건의 모형이라는 논리를 전개해 나가기도 한다.[34]

그러나 엘리스(O. T. Allis) 박사는 충고한다.

그는 출애굽기 17장 6절의 문제에 대하여 성경 본문에서 분명치 않은 사상을 끌어내려 하거나 반대로 그 속에 집어넣으려 해서는 안 된다고 한다.[35] 셋째 해석은 상당한 매력을 주고 있다. 그리스도의 구원 사역과 직결된다는 점에서 그렇다. 그러나 셋째 해석의 경우 논리가 맞는다고 할지라도 그 논리의 기반이 되는 고린도전서 10장 4절이 반대로 구약 본문 속에 끼어들어 온다는 것이 결정적으로 잘못된 것이다. 성경 전체에 비추어 불분명한 것은 더 분명한 부분에 의해서 해석해야 한다. 이런 해석의 원리에서 볼 때 셋째 해석은 모순이 된다. 왜냐하면 전체의 빛에 비추어 부분을 해석한다는 것은 부분의 해석이 전체에 부합되어야 한다는 의미로 이해해야 하기 때문이다.

본문에서 저자의 초점은 성육신하기 이전의 그리스도가 여기에 계셨느냐가 아니고, 모세가 여호와를 내리쳤느냐도 아니다. 오히려 저자는 여호와께서 반석에서 물을 내심으로 자신의 백성들 가운데 임재해 계시며, 그들의 패역함에도 불구하고 은혜를 베푸셔서 그들에게 생명의 물을 주셨다는 사실을 부각시키고 있다.[36] 7절은 저자가 본문을 기록한 목적을 나타내 주고 있다. 7절은 모세가 '르비딤'에서 별명을 붙인 것과 그 이유를 말하고 있다. 별명은 '맛사'와 '므리바'이며 별명을 붙인 이유는 그곳에서 다툼과 시험의 이중적 요소가 나타났기 때문이다. 저자가 그 지역의 별명과 이유를 언급한 것은 처음 독자들(아마 출애굽 제2세대 백성)에게 르비딤에 얽힌 전설이나, 내력을 소개하려는 것이 아니고 역사적 사건을 상기시키므로 다시는 그러한

---

34) Ibid., p.39.
35) Ibid.
36) Ibid.

잘못을 반복하지 말도록 하려는 데 있는 것이다.

그러나 적극적인 목적은 인간들의 패역에도 불구하고 그들 가운데 계셔서 그들에게 생수를 주신 하나님을 나타내려는 데 있다. 본문에서 저자가 1차 독자들에게 강조하는 주제를 "이스라엘과 함께 계시는 여호와께서 그들에게 생명의 물을 주셨다"라고 할 수 있다. 그러나 이 본문의 주제가 2차 독자인 현재 우리에게 말씀하시는 하나님의 의도가 되기에는 미흡하다. 왜냐하면 그들과 우리 사이에는 역사적 간격이 있을 뿐만 아니라, 하나님께서 그들을 다루신 역사적 상황이 우리에게 적합하지 않을 수 있기 때문이다. 그러므로 우리에게 주어지는 하나님의 의도를 찾기 위해서 본문 이후에 그 주제가 어떻게 발전되어졌는지를 살펴보자.

민수기 20장 2-13절에 보면 출애굽기 17장 1-7절과 유사한 사건이 '가데스'에서 일어났다. 이 기록에 의하면, 모세는 이 사건을 통해 하나님의 거룩함을 드러내지 못하여 가나안 땅에 들어가는 일에서 제외되는 아픔을 겪게 된다. 민수기 20장 사건과 본문 출애굽기 17장 사건의 공통 주제라고 할 수 있는 "반석 - 물"이라는 주제는 시편과 이사야서에서 계시의 발전적 점진성이 나타난다.[37]

시편 70편 15-17절과 시편 105편 41-42절에 근거하여 보면, 두 시편 기자들은 하나님께서 이루어 오신 구원 역사를 서술하고 하나님의 은혜와 신실하심과 광대하심을 찬양하고 있다. 이러한 구속사적 관점에서 두 기자는 공통적으로 본문의 주제를 "하나님께서 반석을 통해 강같이 흘러넘치는 풍부한 물을 내어 자기 백성 이스라엘을 살리시며, 그들을 만족케 하셨음"을 말하고 있다. 특히 시편 105편 기자는 하나님의 은혜를 아브라함과의 언약에 근거하고 있다(시편 105: 42).

또 이사야 43장 14-21절의 문맥을 보자.

이 문맥에서 하나님께서는 자기 백성 이스라엘에게 이루실 큰 구원의 일

---

37) Ibid., p.41.

을 말씀하신다. 이 일을 가리켜 '새 일'이라 말씀하시며 비교가 되는 '옛적 일'(이전 일)로 출애굽 사건을 언급하신다. 그렇게도 놀라웠던 출애굽 사건도 하나님께서 새로 이루실 일에 비하면 미미한 것임을 말씀하신다(18절). 이와 같은 '새 일' 새로운 구원 사역을 묘사하시면서 하나님은 바로 본문에 나타난 '반석과 물'이란 주제를 더욱 확대시켜 말씀하신다. "보라 내가 새 일을 행하리니 이제 나타날 것이라 너희가 그것을 알지 못하겠느냐 정녕히 내가 광야에 길과 사막에 강을 내리니 장차 들짐승 곧 시랑과 및 타조도 나를 존경할 것은 내가 광야에 물들을, 사막에 강들을 내어 내 백성, 나의 택한 자로 마시게 할 것임이라"(19-20절) 이 말씀 안에 '반석'이란 단어는 나타나지는 않지만, 하나님께서 과거에 이루신 구원 사역인 출애굽을 염두에 두고 말씀하시는 "사막에 강을 내고 광야에 물들을 내시겠다"는 표현은 본문의 주제와 뗄 수 없는 것이다. 더구나 시편 78편, 105편에서 하나님께서 반석을 쳐서 물을 풍부하게 내신 사건을 가리켜 "마른땅에 강같이 시내처럼 흘러넘치게 하셨다"고 해석하고 있는 이상 이사야 43장의 문맥에서는 본문의 주제인 '반석 – 물'을 계시의 발전적 점진성으로 간주해야 한다.[38]

또 살펴보아야 할 문맥은 이사야 48장 17-22절이다. 이 문맥은 '하나님의 백성이 누리게 될 평강'과 '바위에서 나온 물'을 간접적으로 연관시켜 야곱의 근원을 선포하고 있다. 그렇다면 이사야의 두 문맥에서 찾아낼 수 있는 것은 둘 모두 다 과거의 출애굽 사건보다, 탁월한 구원 사역 즉 그리스도의 구원 사역을 하나님께서는 내다보시며 그리스도의 구원 사역이 가져올 무한한 축복을 '반석과 물'이라는 주제를 발전시켜 나타내신다고 볼 수 있다. 여기서 말하는 축복이란 하나님의 택한 백성이 참여할 수 있는 '사막에 강이 흐르는' 에덴의 회복이며, 그리스도 안에서 누리게 되는 '강 같은 평강'임을 두 문맥은 각각 지적해 주는 것으로 보인다.[39]

이런 관점에서 고린도전서 10장 4절의 "다 같은 신령한 음료를 마셨으니

---

38) Ibid., pp.41-42.
39) Ibid., p.42.

이는 저희를 따르는 신령한 반석으로부터 마셨으며 그 반석은 곧 그리스도
라"는 말씀의 의미를 파악할 수 있다. 유대인들의 문헌에 의하면 이스라엘
백성들이 광야 여행을 하는 동안 계속해서 돌이 혹은 우물이 굴러서 따라왔
다는 것이다. 그러나 그 반석은 곧 그리스도시라는 바울의 해석은 바울이
반석을 예표적으로 이해했든지 성육신 이전의 그리스도께서 그 반석 사건에
임재하신 것으로 이해했든지 간에 유대인들의 어설픈 전설의 허무맹랑함을
드러내는 것이며, 동시에 하나님께서 친히 자기 백성들 가운데 함께 계셔서
그들의 생명의 원천이 되셨음을 말하는 것이다.

그러므로 출애굽기 17장 1-7절을 통해 2차 독자들인 우리들에게 의도하
신 하나님의 계시의 의미는 "그리스도는 자기 백성과 함께 하시며, 그 백성
의 생명의 원천이시다"라고 해야 한다. "그리스도께서 우리와 함께 계시며
우리의 생명의 원천이시다"라는 진리만큼 놀랍고 감격스러운 것이 무엇이겠
는가? 이 복음이 깨달아질 때 감동과 찬양이 저절로 흘러나오는 것이다.

이렇게 본문 주석의 과정을 가져야 하나님의 말씀이 주는 깊은 은혜를
체험할 수 있다. 이 구속사적인 복음을 들을 때 구원에 대한 믿음이 세워지
고 삶에 변화가 일어나는 것이다. 김장환 목사의 설교는 이런 본문 주석을
하지 않았다. 이는 많은 한국 교회 설교의 문제점이기도 하다. 〈규범 4〉에
대한 비판은 〈규범 3〉을 거치지 않으면 구속사적 설교인 본문적 주제설교가
되지 않는다. 다만 설교자의 사상에 따른 교훈 내지 도덕적이고 율법적인
설교로 흐르기가 쉽다. 구속사적 설교는 본문 주석을 필수적으로 요청한다.

D. 〈규범 5〉에 대한 비판

〈규범 5〉에 비추어 보면 구약의 역사적 본문에 대한 한국 교회 설교의
특징은 설교 본문의 단위(Unit)가 부적절하다.

한 예로, 김장환 목사의 "벧엘로 돌아가라"(창세기 35: 1-2)와 은준관
박사의 "침묵할 때와 말할 때"(창세기 11: 1-9, 마태 27: 32-49), 그리고
"궁극적 관심"(창세기 32: 22-30, 마태 15: 21-28) 등이다. 김장환 목사의

경우는 본문이 너무 짧다. 창세기 35장의 경우 8절까지는 되어야 한다. 역사적 본문의 속성의 하나가 선택된 설교 본문이 한 단위(a Unit)여야 한다.[40] 이유는 '본문'이라는 단어에 함축되어 있다. 훅스트라가 지적한 것처럼 '본문'은 '천을 짜다'라는 'texere'에서 유래하였다. 역사적 본문은 '섞어 짠 단위'로서 말한다는 것이다.[41] 그렇기 때문에 어떤 이야기를 아무 생각 없이 본문으로부터 분리해 낼 수가 없다. 그 이야기의 역사적 배경과 성경 기자가 그 말을 지향하고 있는 역사적 상황을 함께 고려해야 하기 때문이다. 그러므로 완전한 단락이 설교 본문으로 적합한 것이다. 만약 어떤 이유로 짧은 단락을 선택할 경우는 전체적인 맥락을 반드시 고려해야 한다.[42]

은준관 목사의 경우를 보자. 그는 설교 본문을 여러 책에서 뽑아낸 단락들을 결합하였다. 즉 마가복음에서 한 절과 누가복음의 한 절을 결합하거나, 구약의 한 본문을 신약의 한 본문과 결합하였다. 결합시키는 것은 부적절한 것이다. 물론 설교할 때에 신, 구약을 고려하지 말라는 것은 아니다. 단 서로 다른 역사적 상황을 지향하고 있는 여러 본문을 가지고 설교 본문을 만든다는 것은 각 본문의 고유한 맥락과 역사적 상황을 거의 올바르게 취급하지 못하기 때문이다. 그러므로 역사적 본문을 선택할 때는 반드시 단락이 한 단위이어야 한다.

E. 〈규범 6〉에 대한 비판

〈규범 6〉에 의하여 나타난 역사적 본문에 대한 한국 교회의 특징은 성경 밖의 예화가 상당히 많다. 역사적 본문에 대한 성경신학적인 접근도 없이 예화 중간에 성경 말씀을 집어넣어 설교를 구성한다. 〈규범 3, 4〉에서 살펴보았듯이 본문 주석이 없이는 역사적 본문을 설교할 수 없다. 성경 밖의 예화를 많이 사용한다는 사실은 본문 주석을 하지 않기 때문이다. 성경을 자

---

40) Ibid., p.43.
41) S. Greidanus, p.371.
42) Ibid.

기 사상의 옷걸이로 사용하여 모범적 설교, 제목설교를 하기 때문에 많은 예화로 성경을 설교하려고 한다.

지금까지 한국 교회의 역사적 본문에 관한 설교 12편을 분석하여 보았다. 한국 교회 강단의 위기는 구속사적 설교를 통하여 극복할 수 있다. 실제적인 구속사적 설교를 위해서는 먼저 본문 주석이 기본적으로 이루어져야 한다.43) 앞에서 살펴본 12편의 설교를 보면 상당히 복음적인 설교를 한다는 인상을 준다.

설교자들의 공통적인 특징이 결론에 이르러서는 본문을 그리스도와 연결시킨다. 박원섭 목사는 "구원의 사닥다리"(창 28: 10-22)라는 설교에서 구약은 신약의 그림자요, 상징이라는 원칙을 기억시키면서 야곱에게 나타난 사닥다리를 예수 그리스도와 연결시키지만, 계시의 발전 과정을 추구하지 않아 역사적 본문의 의미를 드러내지 못하고 있다. 조용기 목사의 "바라봄의 법칙"(민 21: 4-9)도 그리스도와 초점을 연결시키고 있다.44) 그러나 그리스도를 언급한다고, 성경적인 용어들을 많이 사용한다고 성경적인 설교가 될 수 있을까?

S. G. DE. 그라아프에 의하면, 예를 들어 에스더서를 보면 하나님이란 단어가 한 번도 나타나지 않는다. 그러나 처음부터 중보자가 어떻게 계시되어 있는가를 살펴보면 모르드개의 동기를 이해할 수 있을 뿐만 아니라 그의 삶 속에 역사하시는 중보자를 발견할 수 있다(에10: 3)는 것이다.45) 하나님 또는 그리스도 중심이란 억지로 하나님, 그리스도에게 맞춘다고 되는 것이 아니다. 그것은 성경이 말하는 것이다. 아무리 본문을 그리스도와 연결시켜도, 수많은 성경적인 신학적인 용어를 사용할지라도 성경적인 설교가 되는 것이 아니다. 참된 성경적인 설교는 설교자의 본문 해석에 달려 있다. 본문 주석이 안 된 상태에서 본문 설명도 없이 다짜고짜 회중의 감동을 쥐

---

43) 고재수, pp.206-207.
44) 한국문서선교회 편, pp.573f.
45) S. G. DE. 그라아프, p.24.

어쩌려 하고, 성경을 자기 사상을 위한 옷걸이로 사용하여 모범적 설교, 제목설교 형태로 많은 예화를 사용한다.

성경신학적인 구속사적 설교를 하기 위해서는 본문 주석이 이루어져야 한다. 그리고 구원사의 맥락에서 성경을 부지런히 읽고 묵상하여야 한다. 성경신학은 성경을 위해 있기 때문이다. 생명의 양식은 성경 그 자체이므로 말씀을 부지런히 상고하고 말씀대로 사는 삶이 있어야 한다. 그래야 구속사적 설교를 할 때 「오직 성경으로」(Sola Scriptura), 「성경 전부」(Tota Scriptura)를 증거할 수 있다.

2. 구속사적 설교 부재로 인한 문제점

앞에서 조심스럽게 한국 교회 설교에 대하여 분석 비판하여 보았다. 여기서 나타난 문제점들을 근원에서 살펴보기 위해 한국 선교의 초기에 왔던 선교사들은 대체 무엇을 어떻게 설교하였는가? 궁금하다. 또 그들의 메시지는 한국 백성에게 어떻게 전달이 될 수 있었는가? 사실은 별로 기록이 없어서 잘 알 수는 없지만 선교사들이 설교하기 시작한 것은 1884년 알렌이 들어와서부터 믿는 이가 차차 더해 가고, 1907년 대부흥운동이 일어나기 전까지 약 20년 동안으로 그때를 선교사 주도형의 시대라고 한다.[46] 설교, 교회정치, 신학교, 모든 것이 선교사 위주로 했다. 그들의 설교를 구체적으로 다 알 수는 없지만 교회사의 여러 기록을 보아 선교사들의 설교 내용은 단순하고 복음적이었다. 사실 이들은 목회경험이 없는 사람이 대부분이었다. 그리고 설교 훈련이 제대로 안된 20대에 들어왔다. 20대의 젊은 선교사들은 열

---

46) 이중표 편, 「교회 발전을 위한 설교 개발」 p.212.

정은 뜨거웠지만 경험이 부족하여 미숙하기 짝이 없었다. 그런 선교사들이 한국말을 배워서 띄엄띄엄하는 설교의 내용은 1900년대 전후하여 미국에서 가장 보편적으로 사용했던 제목설교 방법(모범적 설교)이었다. 이것이 한국 교회 설교 방법의 모체라고 할 수 있다. 미국 선교사들이 처음 가르칠 때, '제목설교'하는 방법으로 가르쳤기 때문에 한국 교회 백년 역사 가운데 제목설교가 통념화되어 버렸다.47) 아예 설교는 그렇게 하는 것이다 생각할 정도로 그렇게 배웠다.

그러나 미국에서는 1940년대를 전후해서 강해설교 또는 본문설교로 전환된다. 양식사학파에 대표격인 C. H. 다드가 설교의 케리그마 문제를 가지고 말한 이후에 신학계에 돌을 던지면서 설교라는 것은 본문을 읽고 눈감고 은혜받는 것이 아니라, 반드시 본문 가운데서 케리그마가 무엇인가를 깨달아야 한다고 하여 상당한 자극제가 되었다. 다시 말해서 강단의 신학을 다시 찾게 된 것이다.48)

그때에 1935년대 화란에서는 구속사적 설교 연구가 대두되어 스킬드와 칼 바르트의 이론이 서로 투쟁하게 되었다.49) 우리나라에 제목설교의 방법은 선교 초기에 있어서 대단히 한몫을 했던 것이 사실이다. 그래서 한국 교회의 강단에 그대로 이식되었고, 교회 강단에 전통으로 굳어졌다. 뿐만 아니라 제목설교의 영향은 주로 많은 예화를 필요로 하여 처음부터 설교의 한 방법으로 예화를 많이 모으고 사용했다. 그래서 평양신학교에 첫 신학지남의 첫 번째 난에 바로 예화를 모아서 제시하는 대목이 있는 것을 볼 수 있다.50) 이와 같이 설교에 있어서 현상적이고 경험적인 접근의 방법으로서 예화의 사용은 선교 초기에 접촉점을 얻기 위한 것으로 공헌하였다.

사실 아무 기초도 모르는 사람에게 셰익스피어를 읽힐 수 있을까?

---

47) 이웅일, "한국 교회의 설교에 대한 현상학적 연구", pp.33-47.
48) C. H. 다드, p.5.
49) S. Greidanus, pp.29-30.
50) 이중표 편, 「교회발전을 위한 설교개발」 p.216.

그러나 교회가 성장하면서도 유치한 단계를 벗어나지 못했기에 문제이다. 설교에 있어서 해석학적인 이해나 성경신학이 없이 단편적인 진리를 예를 들어서 현상적이고 경험적으로 모범적 설교를 하는 것이 한국 교회 전통적인 것이었는데, 이제 우유병만 들고 먹던 시대를 지냈기에 하나님 말씀인 본문을 구속사적인 안목에서 접근하고 강해하는 구속사적 설교를 해야 될 때가 되었다.

모범적 설교는 성경에 있는 역사적 본문을 가지고 역사적 본문의 인물이나 성격이나 환경을 깊이 이해하여 오늘의 삶과 연결시키는 설교. 구속사적인 진리를 캐내는 데는 부족하다. 여기서 한국 교회 강단에 구속사적 설교 부재로 인한 위기와 문제점을 보게 된다.

예를 들면 흔히 삭개오가 예수님이 보고 싶어서 어깨너머로 보려 했으나 키가 작아서 안 되니 염치 불구하고 뽕나무에 엉금엉금 올라가서 예수님을 바라보았다는 것이다. 우리가 생각하기를 예수님을 보려고 뽕나무에 기어 올라간 삭개오의 신앙이 너무 좋아서 그의 신앙에 대해서 이야기할 때가 많다. 그러나 성경이 말하고자 하는 것은 삭개오에게 초점이 있는 것이 아니라 예수 그리스도에게 초점이 있다는 사실을 알아야 한다. 이것이 모범설교 또는 제목설교(예화설교)와 구속사적 설교와 다른 것이다.

구속사적인 설교는 어떻게 하느냐 하면, 삭개오에게 초점을 두는 것이 아니라 삭개오에게 말씀하시는 예수 그리스도에게 초점을 맞춘다. "삭개오야 내려오너라. 오늘 너의 집에 구원이 이르렀다"고 말씀하시는 예수 그리스도의 선포 가운데 나타난 메시지. 예수 그리스도는 하나님의 아들이시고 예수 그리스도는 구약에서 말씀하신 그 메시야라는 것을 힘 있게 증거하는 그런 안목에서 접근하는 설교 방법이 구속사적 설교이다. 그러나 한국 교회에 지금까지 내려온 제목설교 방법은 예증적인 설교에 주로 관심을 갖고 모범적으로, 도덕적으로, 율법적으로 행하여지고 있다.

예를 들어 "다윗"을 설교할 때 성경은 다윗의 인간됨과 신앙을 말하고자 하는 것이 아니라 다윗을 다윗되게 하신 하나님을 설교해야 한다. 이것을 구속사적 설교라고 한다.

또 한 예로, "사드락과 메삭, 아벳느고의 신앙은 위대했습니다" 하고 설교하다가 아브라함 링컨 이야기도 나오고, 죠지 워싱턴 이야기도 나오고 하여 구속사와 세속사를 구별하지 못하고 넘어가는 설교가 있다. 그러나 구속사적 설교는 사드락과 메삭과 아벳느고에게 그러한 신앙을 갖도록 하신 하나님을 증거하는 것이다.

이런 류의 모범적인 설교, 예증적인 설교, 제목설교는 백 년 동안 한국 교회에 변하지 않고 지켜져 왔는데, 미국에서는 1930년대 후반에 제목설교의 방법에서 본문설교 또는 강해설교로 바뀌었다. 우리나라가 강단의 위기를 외치면서도 그대로 머물러 있는 것을 보면 한국 교회 백 년 동안 전혀 설교신학에 대한 반성이 없었던 것이다.

그것은 우리 한국 신학계에 10년 전까지만 해도 설교학에 대한 책이 단 두 가지밖에 없었다. 장로교에서 1925년에 나온 '강도학'이란 곽안련 목사의 설교학 저서로 1백 년 동안 써먹었다. 그 다음 1926년에 감리교에서 나온 '교중에 대한 직무'라는 책이 설교학인데 그 번역한 것을 1세기 동안 썼다.[51]

설교신학의 부재를 구속사적 설교의 부재로 말할 수 있을 것이다. 이에 대한 문제점은 대체적으로 설교가 율법적으로 흘러갔다는 것이다. 은혜는 말뿐이고 내용은 무엇을 해야만 한다는 도덕적이고, 율법적인 방향으로 강조되었다. 제목설교의 단점이 성경 따로 설교내용 따로 서로 관계없는 것이다. 성경은 설교자의 사상의 옷걸이일 뿐이다.

어찌 율법적으로 흘러가는 모범적 설교를 듣고 믿음이 일어나겠는가?

복음의 내용이 없는 도덕적 설교가 어찌 사람을 변화시킬 수 있겠는가? 믿음 없고 변화된 삶이 없는 가슴은 늘 허전하고 답답하고 힘이 없다. 강단 위기의 극복은 성경신학적인 설교를 해야 한다. 하나님의 구원사에 따른 구

---

51) Ibid., p.218.

원론적인 구속사적 설교를 선포할 때만이 한국 교회는 민족 앞에 소망이 있을 것이다. 복음적 설교인 구속사적 설교의 외침만이 기진맥진한 영혼들을 살릴 수 있다. 복음의 내용인 그리스도만이 영혼의 젖이요, 생수다. 그리스도 중심의 구속사적 설교를 들을 때 믿음이 일어나고, 삶에 변화를 가져다준다.

3. 구속사적 설교의 필요성

한국 교회 강단의 제일 큰 문제는 '설교신학'의 문제이다.

설교는 종합신학이다. 성경에 구약이 있고, 신약이 있고, 조직신학이 있고, 역사신학이 있는 것은 하나님의 진리를 증거하기 위해서다. 그래서 설교는 종합신학이다. 슐라이엘마허는 실천신학을 모든 신학의 왕관이라고 말했다.[52] 나무가 뿌리가 있고 가지가 있는 것은 꽃 피고 열매 맺기 위해서 있는 것이다. 한국 교회 강단의 문제는 설교 방법이나 설교 형식에 있는 것이 아니다. 신학 자체에 있다. 어떤 설교신학을 갖느냐에 따라서 설교의 방향이 달라지기 때문이다.

한국 교회의 초기 선교사들의 설교관은 매우 건전하고 복음적이었다. 당시 평양신학교 교수였던 구두일 박사는 "설교는 기독교의 특징인 동시에 설교의 기초는 하나님의 말씀에 기초하고 그 말씀을 바로 해석해야 된다"고 말했다. 특히 '본문과 상황의 조화'를 강조한 것은 매우 훌륭한 가르침이었다.[53] Text와 Context의 조화를 이루어야 한다는 것이다. 그러나 대개

---

52) 정성구, 「실천신학개론」, p.19.
53) 이중표 편, 「교회발전을 위한 설교개발」, p.218.

선교사들의 설교는 이원론적인 요소와 율법적인 요소가 많았다. 그들의 설교에는 하나님의 거저 주시는 은혜의 진리를 증거하는 데는 매우 약했다. 착한 일 하면 상주고, 죄 지으면 벌받는다는 정도의 모범적, 율법적인 형태가 많았다. 많은 부분에 있어서 도덕적인 설교가 대부분이었다.

모범적(예증적) 설교는 오리겐으로부터 시작되어 1600년간 세계의 모든 설교자들이 애용하는 방법이다. 성경에 모범적으로 기록된 것은 모범적(예증적)으로 설교해야 되지만, 성경에 그렇게 기록되지 않은 부분까지도 모두 모범적으로 설교하면 성경은 마치 역사적 문헌이나 고대 소설로 전락하고 말 것이다. 모범적 설교는 어떤 사물의 현상을 가지고 직관적인 자기의 느낌에 설명을 부가하는 방법이다. 지금 한국 교회에 만연한 Q. T.를 생각해 보자. 하나님 말씀을 묵상하는 것은 권장해야 되겠지만 말씀의 진리를 깨닫고 난 다음에 묵상을 해야지 그렇지 않으면 직관적으로 묵상하기 때문에 잘못하면 모범적으로 넘어간다.

우리 한국 교회는 이제 구속사적인 안목을 가지고 복음이 무엇인가를 제대로 알고 설교하기를 바란다. 교회는 어떤 방법으로든지 부흥만 시키면 되는 것이 아니다. 그것이 올바른 복음 선포적인 방법으로 되었는가를 묻지 않을 수 없을 것이다. 그것이 올바른 신학 위에 세워졌는가를 생각해 볼 일이다. 오늘날의 설교학의 과제는 설교를 어떻게 하면 잘할 수 있는가 하는 방법론이 아니고 설교는 무엇이어야 하며, 성경을 어떻게 해석해야 하는가이다. 곧 설교신학의 문제이다.

구속사적 설교가 한국 교회 강단에 있어서 왜 필요한 것인가?

성경적 설교를 위해서다. 오직 하나님의 말씀으로(Scriptura Sola)와 하나님의 말씀 전부(Scriptura Tota)를 전하는 구속사적 설교는 성경의 범위를 넘어가는 데 아무런 거리낌을 갖지 않는 모범적(예증적) 설교, 도덕적이고 율법적인 설교강단의 갱신을 위한 개혁주의 설교신학이다. 그러나 그리스도가 증거되지 않는 것은 구속사적 설교가 아니다. 그것은 역사적 본문에 대한 구속사적 설교이어야 한다.

제6장 구속사적 설교를 통한 목회계획

이제 본 장에서는 성경적인 설교인 구속사적 설교의 원리와 방법에 따라 필자가 섬기고 있는 부천제일교회에서 선포된 설교의 반영을 설문지를 통해 조사해 보았다. 얻어진 결과를 가지고 이미 실시된 설교 사역을 평가하고, 계획목회에 따른 설교계획을 세워 강단이 그리스도로 살찌우고, 회중들의 심령에 믿음을 세워 복음적인 삶을 살도록 변화를 촉구하고자 한다.

1. 이미 실시된 설교 사역에 대한 평가

1) 구속사적 설교가 교회 성장에 미치는 영향

먼저 분석의 범위는 부천제일교회로 국한시켰다. 그것은 이 논문의 목적이 부천제일교회의 설교 사역을 중심으로 목회신학과 구속사적 설교, 구속사적 설교와 교회 성장의 상관성을 연구하려고 하기 때문이다. 분석의 방법은 부천제일교회의 신자 231명에게서 설문지를 통해 응답받은 것을 임의로 취사 선택하여 조사하였다. 〈성별로 보면 남자 42.5%(98), 여자 57.5%(133)이고 직분별로는 직원 58.9%(136), 평신도 41.1%(95), 연령별로는 10대 8.2%(19), 20대 26%(60), 30대 32.9%(77), 40대 20.5%(47), 50대 5.8%(13), 60대 5.8%(13), 70대 이상 0.8%(2)〉

필자는 1995년 4월 10일자로 부천제일교회에 부임한 후 만 2년 가까이 시무 중이다. 부임할 당시에는 21년의 역사를 가진 교회인데도 그동안 성도들이 여러 차례 그룹으로 나가서 교회를 세우기도 했고, 사방으로 뿔뿔이 흩어져 어수선한 분위기였다. 남아 있던 성도들마저도 몇 사람을 제외하고는 교회를 옮겨 신앙생활하려고 생각하고 결단을 내리지 못해 갈등을 가지고 있었다. 그동안 상처의 골이 깊이 파인 성도들의 마음을 복음으로 감싸주고, 사명을 고취하여 교회는 점차 안정을 되찾았고 신앙생활에 기쁨을 가지고 있다. 당회의 조직이 없었으나 헌신된 2명을 피택하여 장로를 세워 당회를 구성했고, 2명의 부교역자를 청빙하여 교역자 3명이 열심히 동역하고 있다.

도심지 교회는 지역적으로 불리한 여건을 갖고 있다. 도심지는 대개 주거지역이 아니며, 사람들은 개발지나 변두리 주거지역에 있는 교회에 참석한다. 부천제일교회는 옛날 동네이면서 도심지에 자리잡고 있다. 불리한 여건을 갖고 있는 것이다.

와그너(Peter Wagner)에 의하면 도시 사원교회(Cathedral Church)가 급속하게 성장하지 못하는 이유는 다음과 같다.

A. 신자 간의 연대감이 없다
B. 신자 상호간의 심방이 드물다
C. 교회 출석도 자유다
D. 결석자를 살피는 자가 없다
E. 익명성을 즐겨 나타나기를 싫어한다
F. 교회 일에 개입하기를 싫어한다[1]

이 같은 현상은 부천제일교회에 있어서도 마찬가지이다. 그러나 이 같은 악조건 속에서도 부천제일교회는 성장하고 있다. 그 이유는 먼저 무엇보다도 하나님의 도우심이다. 앤더슨(Ray Anderson)이 말한 대로 "모든 목회는 하나님이 하신다"(All Ministry is God's Ministry).[2] 교회 성장의 주도권을 하나님이 가지고 있다는 말이다. 바울은 고린도전서 3장 6-7절에서 "나는 심었고, 아볼로는 물을 주었으되 오직 하나님은 자라나게 하셨나니 그런즉 심는 이나, 물주는 이는 아무것도 아니로되 오직 자라나게 하시는 이는 하나님뿐이니라"고 하였다. 그 다음은 구속사적인 설교를 통해서다. 복음을 선포하는 구속사적 설교를 통해 부천제일교회는 성장해 가고 있다. 더욱 성장해 가기 위해서 앞으로 어떻게 해야 하겠는가를 설문으로 조사한 것을 근거로 목회계획을 세우고자 한다.

퍼 카이저(W. T. Purkiser)는 "설교는 아직도 하나님께서 그의 구원의 진리를 인간의 마음에 전달하는 최고의 방법이다"[3]라고 했다. 교회가 하나님의 구원의 방주라면 구원을 선포하는 설교야말로 교회가 해야 할 중요한 사명이다. 이런 점에서 포 사이드(P. T. Forsyth)는 그의 저서 "Positive Preaching and Modern Mind"에서 "그리스도교회는 설교에 의해서 존립할 수도 있고 무너질 수도 있다"[4]고 말했다.

교회 성장에 있어서 가장 중요한 요소는 씨와 토양이다. 씨를 하나님의 말씀이라고 한다면 토양은 하나님의 말씀을 받아들이는 사람들의 마음과 환경이라고 할 수 있다. 여기서 우리는 두 가지 사실을 알 수 있다. 첫째는, 씨(구속사적인 복음)와 밭(인간)이 다같이 있어야 한다. 밭이 없는 씨는 다

---

1) Peter Wagner, Frontiers in Missionary Strategy (Chicago: Moody Press, 1971), p.189.

2) Ray Anderson, ed., Theological Foundations for Ministry (Grand Rapids: Eerdmanns, 1979), p.7.

3) W. T. Purkiser, The New Testament Image of The Ministry (Kansas City: Beacon Hill, 1969), p.38.

4) R. 압바, 「기독교예배의 원리와 실제」 허경삼 역(서울: 대한기독교서회, 1976), p.79.

만 씨로만 머물고 만다. 또한 씨 없는 밭은 그냥 밭으로 머물고 만다. 씨와 밭의 만남의 순간이 바로 싹이 트고 움이 돋아나는 순간이다. 여기에서 하나님의 역사와 인간의 순종의 관계가 잘 나타나 있다. 이는 씨 뿌리는 비유를 말씀하신 주님의 말씀에서 찾아볼 수 있다. 즉 교회 성장과 구원은 하나님께 있으나 하나님의 역사는 인간의 순종을 통하여 나타난다.[5]

두 번째로, 그러나 생명은 씨에 있는 것이지 밭에 있는 것은 아니다. 마찬가지로 생명은 하나님의 말씀(구속사적인 복음)에 있지 인간 속에 있는 어떤 가능성에 있는 것이 아니다. 이런 점에서 교회 성장에 있어서 하나님의 말씀은 결정적인 것이다.[6] 하나님의 역사는 구체적으로 어떻게 나타나는가? 그것은 구속사적인 설교를 통해서다. 따라서 설교자가 하나님의 말씀을 성실하고 진실하게 증거하지 않을 때 거기에서 교회 성장의 역사가 나타나리라고는 기대할 수 없다. 홀리스 그린(Hollis Green)은 "Why Churches Die?"란 그의 책에서 교회가 성장하지 않는 이유 중의 하나를 설교의 쇠퇴에 두고 있다. 그리고 이어서 그 원인은 회중에게 있는 것이 아니라 설교자에게 있다고 지적하고 있다.[7]

"설교가 교회 성장에 있어서 차지하는 비중은 어떻습니까"라는 질문에 100%가 그 중요성을 인정하고 있다.

---

5) Ray Anderson, p.7.
6) 전경연, 「예수의 비유」(서울: 대한기독교서회, 1972), p.78.
7) Hollis Green, <u>Why Churches Die?</u> (Minneapolis: Bethany Fellowship, 1972), p.55.

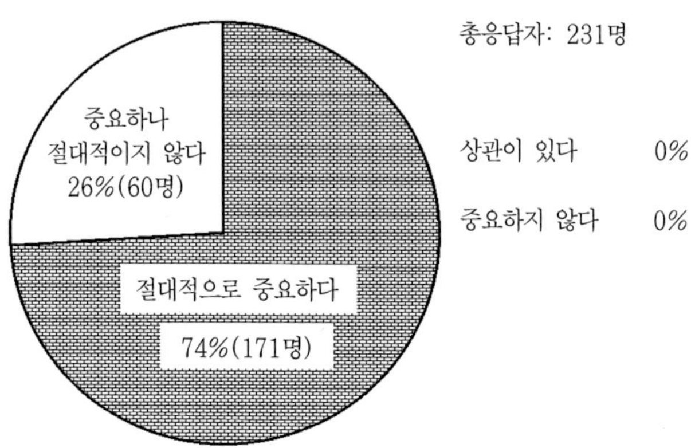

도표 1. 설교가 교회성장에 있어서 차지하는 비중

그러나 씨(구속사적 복음)는 토양(인간)에 따라 열매 맺는 것이 다르다. 이것은 토양도 중요하다는 말이다. 설교가 바르게 전달되려면 교회행정, 심방, 교육 등의 도움을 받아야 한다.[8] 따라서 설교의 외적인 조건도 갖추어야 성과를 얻을 수 있다.

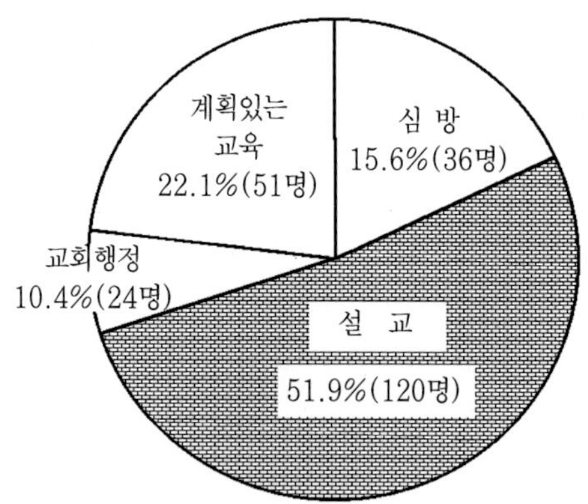

도표 2. 교회 성장의 가장 중요한 요소

---

8) W. T. Purkiser, p.107.

2) 목회자의 직무

설교는 하나님에 대한 인간의 말이 아니라 인간을 향한 하나님의 말씀이다. 인간이 하나님의 말씀을 어떻게 받아들이냐 하는 것을 연구하는 것은 중요한 의미를 갖는다.

"목회자의 직무 중 무엇이 가장 중요하다고 생각하십니까?"라는 질문에 대해서 설교 75.3%, 사회봉사(사회참여) 13.1%, 심방 9%, 교회행정 2.6% 순으로 나타났다. 여기에서 볼 수 있는 대로 평신도는 목회자의 직무 가운데 설교가 가장 중요한 것으로 생각하고 있다. 이것은 개신교의 전통인 Sola Scriptura에 부합되는 것이다. 루터(M. Luther)도 하나님께서 국가에는 칼을 주시고, 교회에는 말씀을 주셔서 인간을 다스린다고 말했다.[9] 그러므로 목회의 업무 중에 복음에 대하여 설교하는 것을 본질적인 것으로 파악한 것은 바르다고 볼 수 있다.

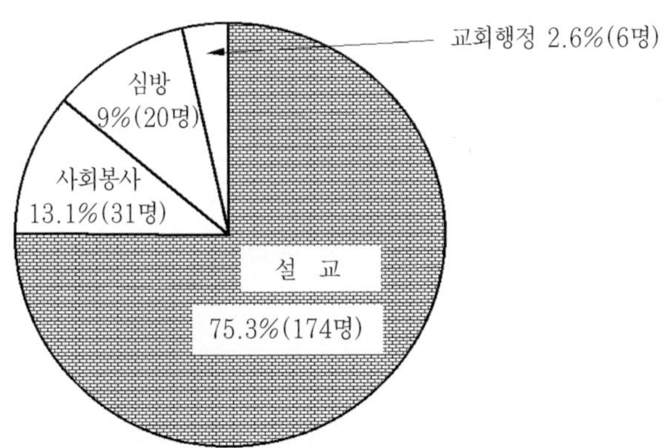

도표 3. 목회자의 직무 중 가장 중요한 것

---

9) 구스타프 윈그렌, 「루터의 소명론」 맹용길 역(서울: 컨콜디아사, 1976), p.78.

3) 설교에 대한 반응

설교에 대한 반응은 두 가지 설문으로 했다. 하나는 연중 설교에 감명받은 것은 어느 정도냐고 하는 것이고, 또 하나는 매 주일 설교를 들은 후에 어느 정도 만족하느냐 하는 것이다. 전자의 질문에 대한 응답은 절반쯤 된다 50.6%(117명), 대부분이다 32.5%(75명), 항상 16.9%(39명)로 나타났으며, 후자의 질문에 대한 반응은 대체로 만족한다 89.6%(207명), 대체로 만족하지 못한다 10.4%(24명), 실망한다 0%로 나타났다.

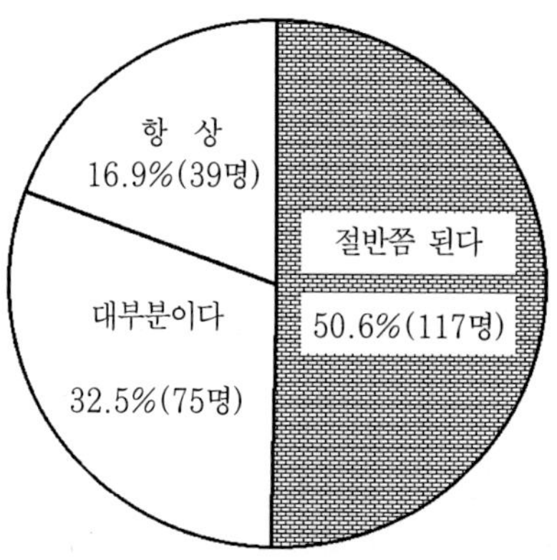

도표 4. 설교의 감명도(연중)

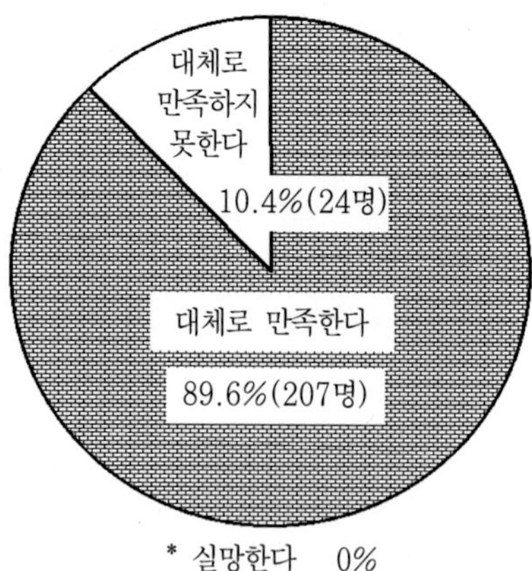

도표 5. 설교의 감명도(매 주일)

여기에 나타난 것을 보면 대체로 약 90%가 만족하고 있는 것으로 나타났으며, 10% 정도가 만족하지 못한 것으로 나타나고 있다. 이것은 설교자인 필자에게 충격을 주고 있다. 전 교인의 10%나 되는 사람들이 설교에 만족하지 못하고 돌아간다니 책임이 무겁다. 그러면 이 같은 원인이 어디에 있는가? 이 문제를 두 가지 각도로 살펴보겠다.

첫째, 설교의 메시지의 문제이다. "가장 관심 갖는 설교는 무엇입니까?"라는 질문에 복음적인 내용(구속사적인) 63.6%(147명), 윤리적이고 교훈적인 내용 15.6%(36명), 일상생활에 대한 내용 14.3%(33명), 사회정의에 대한 내용 6.5%(15명) 순으로 나타났다. 평신도들이 하나님께서 그리스도 안에서 우리를 구속하신 역사적인 본문을 통하여 복음을 이해하기 시작한다고 볼 때 성경적인 설교인 구속사적 설교를 위해 더한층 노력을 기울여야겠다.

그 다음에 관심을 갖는 설교가 윤리적이고 교훈적인 내용과 일상생활에 대한 내용이다. 이 질문은 좀더 해석을 해야 할 것 같다. "목회자의 설교 내용이 어떠했으면 좋겠습니까?"라는 질문에 성경 내용과 사회생활의 조화가 77.5%로 제일 많이 나타났고, 좋아하는 설교 형태는 삶의 결단을 갖게 하는 의지적인 설교가 93.5%로 제일 많은 것으로 나타나 있다. 따라서 관심 갖는 설교는 단순한 세상 이야기를 하는 설교가 아니라 하나님의 말씀과 일상생활의 만남이 이루어지는 설교를 말하는 것임이 분명하다. 그러므로 앞으로의 설교는 추상적인 설교가 아니라 구체적인 삶의 한복판에서 외쳐져야 할 것이다.

그러나 문제는 남아 있다. 사회정의 면에 관심을 갖고 있는 사람이 지극히 적다는 것이다. 결론적으로 복음의 내용인 구속사적 설교와 구체적인 삶이 균형 있게 선포되어야 하겠다. 바이엘하우스는 "Missons: Which Way?"라는 책에서 다음과 같이 말했다. "수직적인 차원을 상실한 기독교는 맛을 잃은 소금으로, 무익할 뿐만 아니라 세계를 위해서도 쓸모가 없다. 그러나 수직적인 관점에만 몰입되어 그것을 인간의 공동체적 삶에 대한 책임을 회피하려는 수단으로 이용하는 기독교는 그리스도의 성육을 부정하는 것이며,

그리스도를 통하여 보여주신 세계를 향한 하나님의 사랑을 부인하는 것이
된다"10)

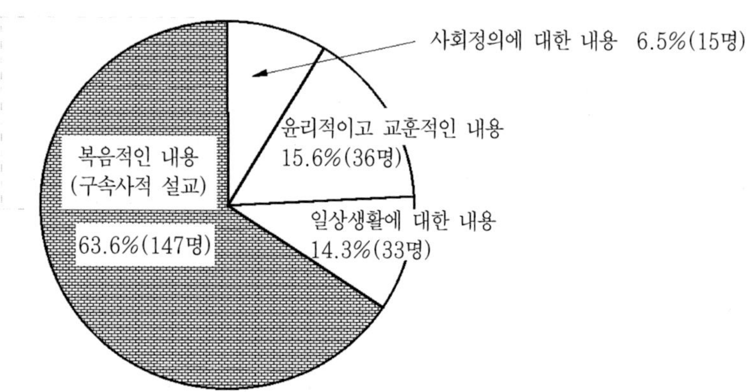

도표 6. 관심 갖는 설교

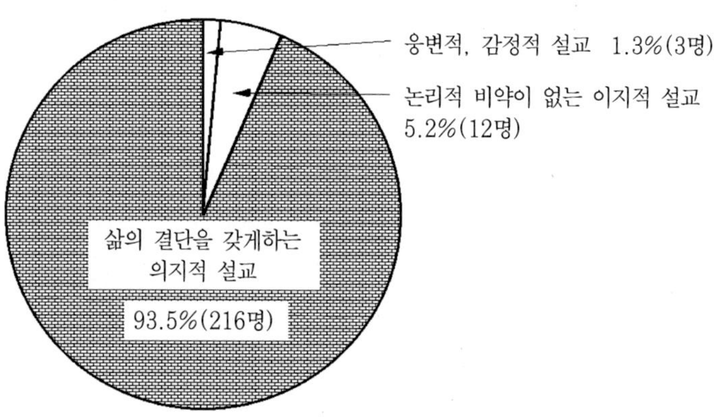

도표 7. 좋아하는 설교형태

---

10) Peter Beyerhaus, <u>Missions: Which Way?</u> (Grand Rapids: Zondervan,
    1977), p.47.

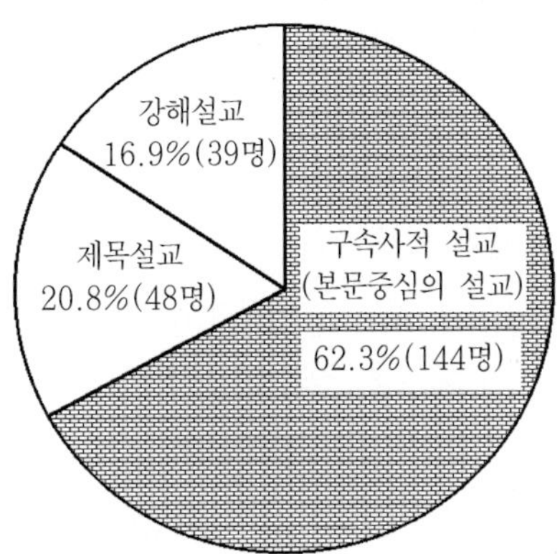

도표 8. 어떤 설교형태가 좋은가?

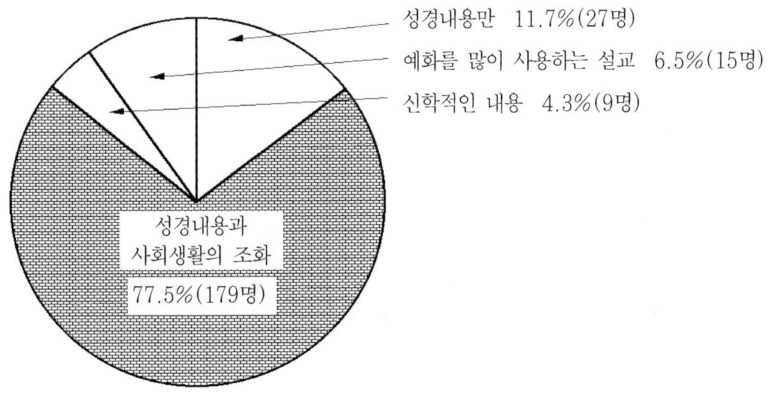

도표 9. 바라는 설교내용

둘째, 설교를 듣는 청중의 문제이다. 설교에 감명을 못 받는 것은 단순히 설교자의 메시지에만 문제가 있는 것이 아니다. 설교자의 메시지가 아무리 구속사적 설교를 하여 복음을 외쳐도 설교를 듣는 자가 마음 문을 열어 놓지 않으면 안 된다. 이것은 씨 뿌리는 비유를 생각해 보면 알 수 있다. 같은 씨일지라도 그것이 길가, 돌짝밭, 가시떨기, 옥토에 각각 떨어졌을 때 그 반응은 각각 다르다. 아울러 아무리 좋은 메시지라도 그 마음이 옥토가 아니면 열매를 맺을 수 없는 것이다.

이것은 청중의 자세와 설교는 어떤 관계가 있습니까?라는 질문에 결정적인 영향을 미친다 70.7%(163명), 문제가 안 된다(관계가 있지만) 29.3%(68명), 별 관계가 없다 0%로 나타났다. 이것은 신자들도 대부분이 설교를 듣는 청중의 자세가 설교에 미친다고 보고 있음이 드러나 있는 것이다. "설교를 듣기 위해서 기도로 준비하는가?"라는 질문에 매일 기도로 준비한다 29.9%(69명), 주일 아침에 참석하여 기도한다 55.8%(129명), 아무 준비 없이 듣는다 14.3%(33명)로 나타났다. 청중의 자세와 설교가 영향을 미친다고 보는 사람이 대부분인데 비하여 아무 준비 없이 설교에 임하는 사람도 14.3%에 이른다. 설교에 감명을 받지 못하는 사람이 10.4%로 나타났는데, 기도하지 않고 준비 없이 설교를 듣는 사람도 14.3%로 나타났다는 점에서 볼 때 서로 상관관계가 있음을 알 수 있다.

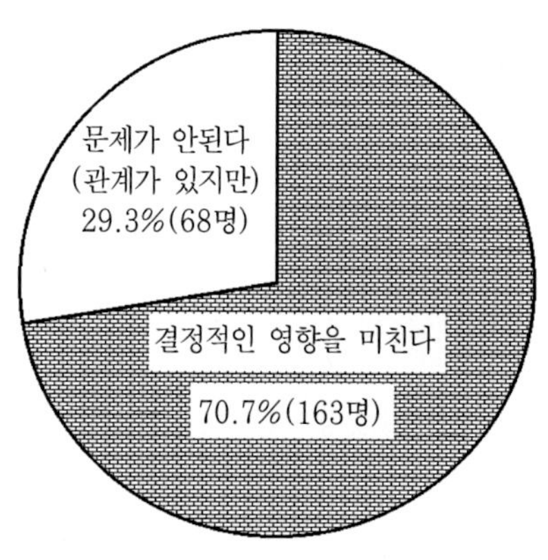

* 전혀 관계가 없다 0%

도표 10. 청중의 자세와 설교

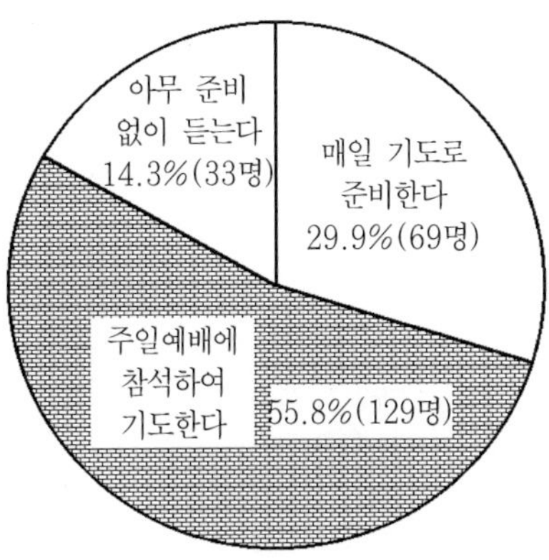

도표 11. 설교를 듣기 위한 준비기도

4) 설교에 대한 기대

평신도들이 어떤 설교를 듣기를 원할까? 현대인들은 심한 경쟁사회에 살고 있다. 경쟁사회는 사람을 지치게 만들고 실망하게 하는 환경들이 많다. 이런 사회 속에서 현대인들이 교회에서 위로와 용기를 받기 원하는 것은 지극히 당연하다. 또한 현대인들은 가치 상실 시대에 살고 있다. 전통적인 규범들이 무너지기 시작한 지 이미 오래다. 현대인들은 방향 감각을 잃고 초조하다. 이런 현대인들이 삶에 방향을 제시해 주는 설교를 듣기 원하는 것은 당연한 것이다.

이 같은 사실은 "어떤 설교에 은혜를 받았습니까?"라는 설문에 보면 잘 알 수 있다. 고린도전서 14장 3절에 "예언하는 자는 사람에게 말하며, 덕을 세우며, 권면하며, 안위하는 것"이라고 했다. 그러나 이런 설교만을 치중하게 될 때 때로는 죄를 책망하고, 사회 부조리(경제, 정치)를 공격하는 예언자적 사명이 간과될 위험이 있다.

설교자의 자세는 어떤 자세가 좋을까? 하는 설문에 응답한 것을 보면 손짓, 몸짓을 적당하게 사용하는 자세 63.6%(147명), 고정된 점잖은 자세 22.1%(51명), 정열적으로 동작을 많이 하는 자세 14.3%(33명)로 나와 있다.

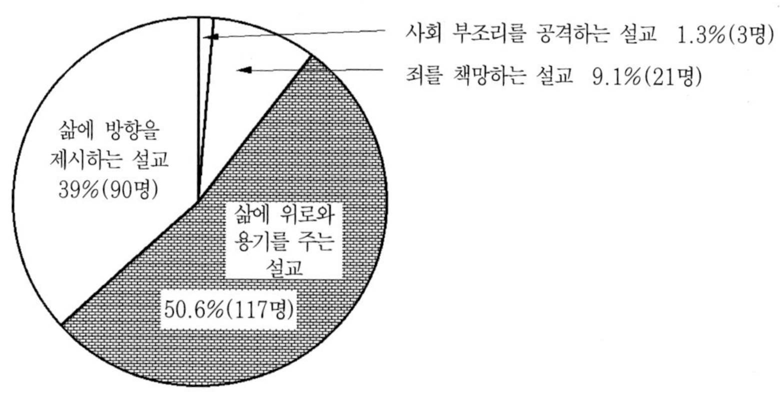

도표 12. 어떤 설교에 은혜를 받나?

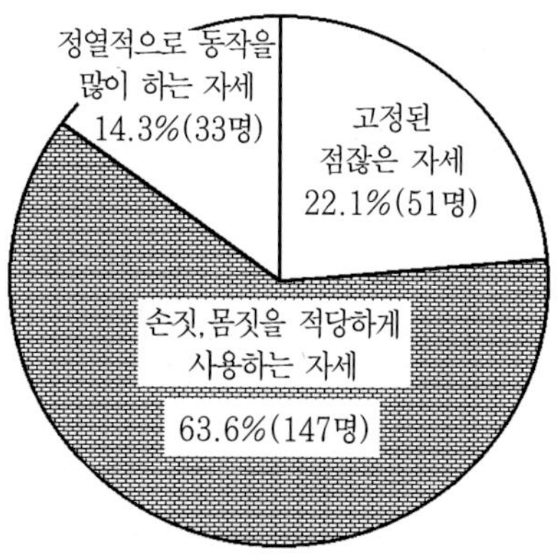

도표 13. 목회자의 설교 자세

"설교자란 설교할 때 원고를 어떻게 사용하여야 할까?라는 설문에 대한 응답은 원고를 보며 조리 있게 해야 한다 42.9%(99명), 원고 없이 성령의 감동대로 해야 한다 26%(60명), 요점만 가지고 나와 설교해야 한다 3.8%(9명)로 나타나 있다.

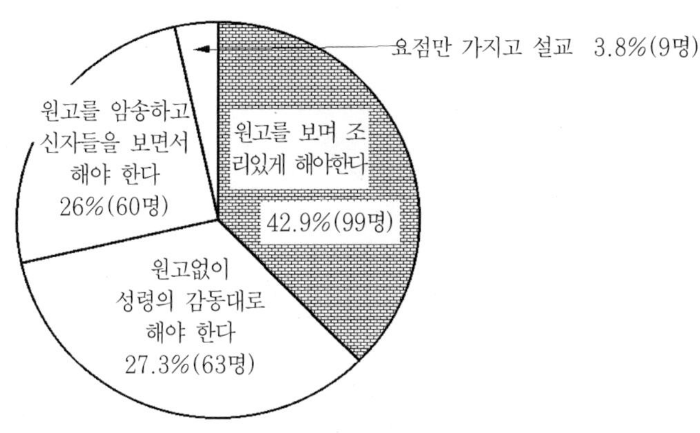

도표 14. 설교자와 원고

모든 목회자는 훌륭한 설교자가 되는 것이 꿈일 것이다. 그러면 어떻게 훌륭한 설교자가 될 수 있을까? 신자들은 기도와 명상을 가장 귀한 것으로 여기고 있다. 설교는 하나님의 말씀을 인간에게 전하는 것이다. 광부가 광맥을 찾기 위해 곡괭이를 손에서 놓지 않는 것처럼 부단히 성경을 읽고, 요한 웨슬레(J. Wesley)가 말한 것처럼 "한 책의 사람이 되게 해 달라고" 하나님과 깊은 교제의 기도와 묵상을 끊임없이 해야 한다. 그 다음은 신자들의 Context를 알기 위해서 신자들의 관심 파악을 들고 있다. 신자들의 상황이 어떤 상태인지 알아야 거기에 맞는 말씀을 전할 수 있을 것이다. 그리고 끊임없는 독서와 연구도 필요하다. 그래서 목사는 칼빈이 말한 대로 학자이어야 한다.

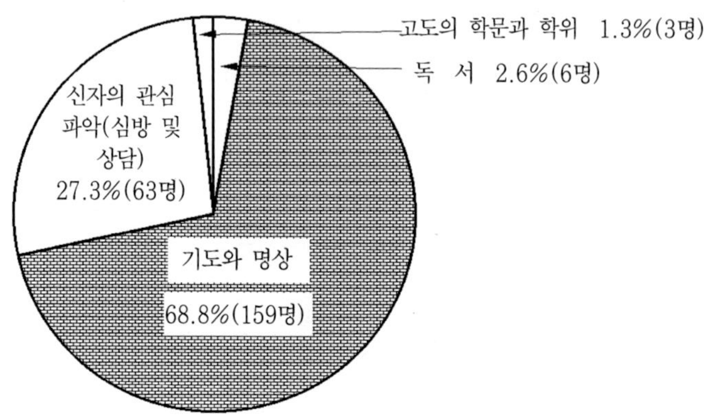

도표 15. 훌륭한 설교자가 되기 위해 필요한 것

2. 부천제일교회 구속사적 설교계획

목회는 구원 사역이다. 멸망으로 가는 인간들이 예수 그리스도를 믿고 구원에 이르도록 하는 수단이 목회이며, 구원에 이르도록 믿음을 세우는 사역이 설교다. 목회란 하나님의 구원사에 종사하는 사역으로서 구속사적인 복음을 설교하는 일이다. 구원 사역은 설교라는 수단을 통하여 이루어진다. 설교는 교회의 중심 사명이다. 설교 없이는 목회를 할 수 없다. 설교는 목회의 생명이며, 교회를 교회되게 하는 사역이다. 교회가 교회다워지고 기독교가 기독교다워지려면 하나님의 말씀 선포가 올바르게 이루어져야 한다. 교회는 강단의 설교 이상의 교회가 될 수 없다는 것이다. 칼빈에게 있어서 발견할 수 있는 것은 설교는 신앙을 얻게 하려는 것이다.

한철하 박사도 "교역은 하나님의 은혜의 복음을 가르침으로써 교인들의 마음속에 신앙을 불러일으키고, 그 신앙을 증대케 하고, 전진케 하여 마침

내 구원과 영원한 복락에 완전히 미치게 하는 데 그 목적이 있다.…… 그렇다면 교역자는 복음을 전하되 믿는 자에게 구원을 주시는 하나님의 능력이 나타나도록 해야 할 것이다. 이것은 사람이 능히 할 수 있는 일이 아니요, 독생자를 주시고 그를 통해서 은혜를 베푸시는 하나님이 친히 하셔야 할 것은 더 말할 필요도 없다. 그러나 하나님께서는 이 길을 그의 종들을 세워서 행하신다. 여기에 교역의 자리가 있다"[11]라고 말한다.

그렇다면 하나님의 구원의 능력이 이르도록 믿음을 세우는 설교가 무엇일까? 구속사적 설교이다.

구속사적 설교는 이것이다. 그리스도가 해 주신 일을 말해 주어야 한다. 이것이 복음이요, 믿을 내용이다. 그 내용을 믿으면 성령이 역사하신다. 하나님이 함께하는 사람이 된다. 구속사적 설교는 율법 아래서 떨고 있는 죄인들에게 죄사함의 선포가 주어진다. 뿐만 아니라 구원의 확신과 그로 인한 삶의 능력을 준다. 하나님의 능력은 십자가의 도를 통해서만 나타난다. 그러면 마음과 몸은 엄청난 변화를 체험한다. 변하는 사람들이 있을 때 그 가정이 달라진다. 변한 회중들이 많을 때 교회가 달라지고, 마침내 교회는 목사가 그렇게도 기다리던 성장이라는 결과를 안겨다 주는 법이다. 하나님의 능력이 사람의 심령을 변화시켜 새 사람으로 만들고 새로운 삶을 살도록 도와준다. 설교자가 변하면 청중도 변한다. 교인이 살면 교회가 산다. 교회가 살아야 사회도 국가도 산다. 그러므로 예수가 살아 있는 구속사적 설교를 해야 한다. 구속사적 설교는 믿어야 할 내용이요, 복음이다. 구속사적 설교만이 교회를 교회되게 하는 목회이며, 교회가 사는 길임을 기독교 설교 역사가 말하고 있다.

최근 한국의 모든 교회들이 침체되어 가고 있다고 한다. 목사들 간에 오고 가는 인사에서 "교회가 부흥되어 가고 있습니까? 많이 부흥이 됐지요?" 하는 인사에 "지금도 부흥되는 교회가 있나요" 하고 볼멘소리로 실소하며 반

---

11) 한철하, "신학교육과 신본주의", 「성경과 신학」 제2권(1984), pp.9-17

문한다. 참으로 부끄럽고 비참한 말이다. 복음적인 신앙이 목사에게서도 느끼지 못하는 것이 안타까운 일이다. 소명감, 사명감은 식어진 지가 오래고, 신학 서적에서나 들을 수 있는 것이지, …… 하고 생각하니 가슴이 답답하다. 과연 한국 교회의 침체의 원인은 어디에 있을까? 여러 가지 이유가 있겠지만 복음에서 떠난 목회 강단에 있다고 말할 수 있다. 어디를 가나 설교 홍수 속에서 사는 것 같지만 하나님이 그리스도 예수 안에서 계시하시고 성취하신 구속사적인 복음을 듣기란 그렇게 쉽지만은 않다. 제목설교, 본문설교, 강해설교, 방법론 세미나가 여기저기에서 있지만 목회 현장에서는 여전히 도덕적인 모범설교, 윤리적 설교 아니면 심미적이고 감흥적인 설교로 흐른다. 그래서 한국 교회의 침체는 설교자에게 책임이 있다고 본다. 율법적인 설교에서는 더 이상 신자의 변화, 교회의 변화를 기대할 수 없기 때문이다. 회중이 변화되지 않았는데 교회 변화를 기대할 수 있겠는가? 지역사회의 변화를 촉구할 수 있겠는가?

그러나 방법은 있다. 목회자들이 신학적인 거듭남(중생)이 일어나야 한다. 교회 성장이라면 무조건 경영학적인 이론과 기술(방법)을 여과나 비판 없이 도입하려는 데에서 잠을 깨워야 하겠다. 물론 사회과학도 Text를 Context에 적용하려면 필요할 것이다. 그렇지만 그 많은 교회 성장 세미나에도 불구하고 얼마나 많은 사역자들이 목회 성공이라는 물량적인 수치 앞에서 떨고 있는가? 초조하고 긴장하고 있다. 불안한 나날들을 보내고 있는 것이다. 비교의식에 빠져 침체되어 있다. 스스로 죄인이 되어 있다. "누구는 잘되고 있는데 나는 이 꼴이 뭐람" 매스컴에서는 누구는 1년 만에 몇 명을 모았고, 누구는 어떻게 하여 대교회가 되었다 하고 떠들어 댄다. 교회 성장 세미나에서는 예견한 대로 명사가 되어, 신문마다 그의 큰 사진이 걸려 있다. 국민건강 검진 결과 직업별로 보니 목사의 건강이 가장 안 좋다고 하는 말을 들었다. 스트레스에 의한 심장병, 소화불량, 간경화, 등등 믿기 어려운 것들이다. 70년대만 돌아가더라도 목사가 병든 것은 믿음이 없어서, 기도를 안 해서 등등 이원론에 빠진 비난을 들었어야 할 것이다. 어떻게 보면 맞는 소리도 있다. 복음적인 사고가 없기 때문이다. 복음적인 신앙을 가지라. 복음적인 신학으로 거듭나기를 촉구하고 싶다. 그래서 숫자적인 놀음에서 벗어나 사명적인 목회관과 긍지를 가지라. 소명과 사명감을 회복하라. 교회 성장 이전에 목회자 자신의 복음적인 사고와 삶으로 목회에 임할 때, 그렇게도 기다리던 교회 성장의 결과를 가져다줄 것이다.

둘째, 강단 회복은 성도의 변화, 교회의 변화를 가져다준다. 그 방법은 성경신학적인 구속사적 복음설교를 하라. 앞에서 필자가 시무하고 있는 부천제일교회 성도들의 설문지 조사에서 보여준 대로 역사적 본문에 계시된 구속사적인 설교(복음설교)를 좋아하고, 바라고 있다. 본문적 주제설교인 구속사적 설교를 통해 그들의 마음에 믿음이 강하게 세워졌고 구원의 감격과 변화를 체험한 것이다. 그러므로 예수 그리스도를 설교하라. 한국 교회의 침체는 강단의 회복에서 일어설 수 있다. 구속사적 설교만이 마이너스 성장의 깊은 수렁의 늪에서 나올 수 있게 된다. 복음이 있는 곳에 성령께서 역사하시고, 함께하시기 때문이다. 예수 그리스도가 살아 있는 구속사적인 설교의 강단은 구원받은 영혼들로 기쁨이 충만하리라 믿는다. 변화를 체험한 복음의 일꾼들로 감격이 넘치리라고 확신한다.

1) 구속사적 설교의 방향

화란의 칼빈주의 설교자인 훅스트라(Hoekstra)는 개혁파의 설교의 요건을 첫째, 오직 하나님 말씀만(Scriptura Sola), 둘째, 하나님의 말씀 전부(Scriptura Tota)를 설교해야 한다고 했다. 여기에서 하나님의 말씀 전부를 설교해야 한다는 것은 성경 전체의 통일성과 역사적, 계시의 점진성을 깨닫고 유기적으로 해석하여 구속사적으로 선포되어야 한다는 것이다.[12]

---

12) S. Greidanus, p.227.

구속사적 설교는 하나님이 예수 그리스도 안에서 행하신 일들을 선포한다. 하나님의 계시인 역사적 본문인 성경은 예수 그리스도를 증거한다.13) 그리스도를 통한 구원이야말로 성경의 핵심이다. 성경의 중심이신 그리스도를 믿을 때 구원의 은총을 받게 된다.

그러므로 설교자는 인류의 구원을 위해서 그리스도가 하신 일들을 증거해야 한다. 복음의 진수인 예수 그리스도만 구속사적 설교의 요소가 되어야 한다. 이 복음을 들을 때 회중들의 마음에 믿음이 생긴다. 구원을 체험하게 된다. 이 사실을 깨달을 때 그들은 구원의 감격과 감사의 삶을 살아가게 되는 것이다.

2) 부천제일교회 설교계획

이미 부천제일교회에서 실시된 설교 사역에 대한 평가는 앞에서 살펴본 것과 같이 설문지 조사 방법을 통하여 나타났다.

교인들의 반응에서 보여준 대로 10% 정도의 성도들이 매 주일마다 별로 만족하지 못하고 힘없이 집으로 돌아간다고 하는 것이 설교자의 마음을 무겁게 하고 있다. 워런 위어스비는 「위어스비가 권면하는 설교원리」라는 그의 저서에서 '계획을 세워 설교하라'14)고 권면하고 있다. 매 주마다 설교자가 어떤 방향으로 가야 한다는 것을 잘 알고 있다면 설교를 위한 연구시간을 잘 활용할 수 있을 것이다. 설교가 역사적 본문에서 나오는 것처럼 목회 설교는 교인의 상황을 간과할 수 없다. 설교자가 영적 생활과 성경 지식이 자라고 있고, 교인들이 하나님과 교제를 유지하고 있다면 하나님께서는 설교를 계획하는 일에 설교자를 인도하실 것이다.15)그래서 필자는 지금까지

---

13) 빌헤름 니젤, 「칼빈의 신학」 이종성 역(서울: 대한기독교서회, 1983), p.104.
14) 워런 위어스비, 「위어스비가 권면하는 설교원리」 김창모 역(서울: 나침반출판사, 1987), p.48.

실천한 경험에 기초하여 더욱 부단한 연구와 기도의 땀에 적신 구속사적 복음설교를 통해 모든 성도들이 구원의 확신과 변화된 삶의 감격을 갖고 살도록 다음과 같이 계획을 세워 설교 사역을 하려고 한다.

첫째, 설교신학에 기초한 설교를 하겠다.

한국 교회 강단에 가장 큰 문제는 설교의 방법이 문제가 아니다. 설교신학에 문제가 있다. 구속사적인 복음설교자들은 설교신학을 바로 정립할 때 능력 있는 설교자가 된다. 필자는 설교신학을 칼빈의 기독교 강요에 기초하여 정립하여 보았다. 칼빈은 그의 설교신학에서 "설교를 듣는 자로 하여금 복음을 전하여 감화를 끼치고 회개하도록 하여 구원을 얻게 하는 것"이라고 하였다. 칼빈은 설교할 때 영혼 구원에 초점을 두고 회개를 촉구하였다. 구속사적인 설교는 그리스도의 복음을 전하여 구원을 얻게 하고 하나님과의 바른 관계를 가지는 것이다. 뿐만 아니라 복음의 유익(Benefit)을 삶에 적용시켜서 삶이 변화(Effect)되어 바르게 살도록 하는 데 있는 것이다. 예수께서 이 땅에 오신 목적을 "인자의 온 것은 양으로 생명을 얻게 하고 더 풍성히 얻게 하려 함이라"고 하셨다.16) 영생과 풍성한 삶을 모두 주시기 위해서 주님이 이 땅에 오신 것이다. 구속사적 설교를 통하여 구원과 변화된 풍성한 삶을 살도록 하는 것을 설교신학의 기초로 삼아야 한다.

둘째, 구속사적 설교를 하겠다.

구속사란 "하나님께서 그의 뜻을 따라 모든 것을 계획하셨으며 또한 그분이 계획하신 것을 온전히 성취하시며 예수 그리스도 안에서 세상을 구원하실 것을 계시하시고 섭리하시고 간섭하신다는 것이다"17) 성경은 많은 사건들의 연속이 아니고 한 분 창조주 하나님이 그리스도 안에서 인간을 구속하시기 위하여 역사를 주관하시며 섭리하시는 특별한 구원 역사를 말한다. 구속사의 중심

---

15) Ibid.
16) 요한복음 10: 10.
17) 신성종 편, 「이렇게 설교해야 교회가 성장한다」(서울: 도서출판 하나, 1994), p.206.

은 예수 그리스도이시다. 구속사적 설교 방법은 성경 역사적 본문을 가지고 하나님이 예수 그리스도 안에서 구속하신 일(복음)을 드러내는 것이다. 성경 전체의 내용을 구속사적 퍼스펙티브에서 조명해야 한다(요5: 39).

셋째, 믿음을 세우는 설교를 하겠다.

설교의 궁극적인 목적은 영혼 구원이다. 다시 말하면 영혼 구원을 위하여 믿음을 세우는 사역이 설교다. 하나님은 목회자와 설교자를 세우셔서, 설교라는 수단을 사용하여 당신의 백성들을 구원하신다. 구속사적인 복음설교를 들을 때 회중의 마음에 믿음이 일어나게 된다. 믿음은 구원의 수단이다. 요한복음 3장 16절에 "하나님이 세상을 이처럼 사랑하사 독생자를 주셨으니 이는 누구든지 저를 믿는 자마다 멸망치 않고 영생을 얻으리라"고 했다. 복음이란 하나님께서 우리를 위해 해 놓으신 일을 말한다. 복음이란 믿을 내용이다. 그 내용을 믿으면 믿음이 세워진다. 이 복음을 들을 때 멸망으로 가는 인생들이 구원을 받게 된다. 구속사적 설교는 율법 아래서 떨고 있던 죄인들에게 죄사함의 선포가 주어진다.

넷째, 삶의 변화를 주는 설교를 하겠다.

성경이 말하는 구원이란 단순히 죄의 용서와 영생에만 국한되지 않는다. 죄는 영혼에 제한되지 않고 삶의 전 영역에 영향을 미치는 것처럼, 구원도 모든 삶의 영역에 나타나야 한다. 그리스도는 만인의 희망이시다. 성경은 그리스도를 믿는 것은 소망의 닻이라고 표현한다. 구속사적인 복음을 믿을 때 마음과 몸은 엄청난 변화를 경험한다. 율법적이던 신앙이 복음적인 신앙으로, 부정적인 사고가 적극적이고 긍정적인 사고로 바뀐다. 구원의 감격과 삶의 기쁨을 가지고 산다. 그 이유는 구속사적 복음을 믿을 때 성령이 역사하신다. 복음이 있는 곳에 성령이 임재하시기 때문이다. 예수께서 말씀하셨다. "나는 포도나무요 너희는 가지니"[18], 근본적으로 그와 믿는 자는 하나라는 말씀이다. "나를 믿는 자는 나의 하는 일을 저도 할 것이요 또한 이보

---

18) 요한복음 15: 5.

다 큰 것도 하리라"[19] 우리도 그리스도처럼 엄청난 일을 하고 그렇게 아름다운 삶을 산다는 것이다. 하나님의 능력이 사람을 변화시켜 새 사람으로 만들고 새로운 삶을 살도록 도와준다. 그러므로 예수가 살아 있는 구속사적 복음을 설교해야 한다.[20]

A. 주일 낮 설교

목회는 구원 사역이다. 목회의 목적을 달성하기 위한 원동력은 구속사적 복음설교에 있다. 바울은 로마서 1장 16절에서 "내가 복음을 부끄러워 아니하나니 이 복음은 모든 믿는 자에게 구원을 주시는 하나님의 능력이 됨이라"고 하였다. 복음에는 능력이 있다. 신자 개개인이 구속사적인 복음을 들을 때 믿음이 세워지고 궁극적인 구원과 삶의 변화가 일어날 것이다. 개인이 변하면 구역, 기관, 교회 전체에도 변화의 능력이 나타나게 된다.

그렇다면 언제, 어떻게, 구속사적 설교를 할 것인가? 주일 낮 예배에 참석하는 교인들은 본 교회에 등록된 신자 및 방문자들도 참석한다. 구원의 확신이 부족한 신자, 처음 교회에 나온 사람 등이 참석한다. 필자는 지금까지 주로 제목설교를 해 왔다. 그러나 구속사적 설교를 연구하고부터는 성경을 다시 보고, 깊이 주석하게 되었다. 물론 제목설교냐, 본문설교냐, 강해설교냐가 문제될 것이 없다. 문제가 있다면 어떤 방법이나 유형으로 설교하던지 그 설교의 중심에 그리스도가 있느냐, 설교가 복음적이냐 하는 것이다. 솔직히 말하면 필자의 설교에는 복음이 아닌 율법적인 것이 많았다.

설문지를 통해 드러난 것 가운데 10%의 신자들이 만족하지 못하고 매주일 돌아갔다고 생각하니 마음이 아프다. 그렇지만 구속사적 설교는 복음을 확실히 전해 주기 때문에 변화가 곧 오리라고 믿는다. 복음에는 구원하는 능력이 있다. 주일 낮에는 청중을 의식하여 구속사적인 설교를 하되, 주로 신자들의 상황에 적용하여 복음을 제시하는 주제설교를 하려고 한다.

---

19) 요한복음 14: 12.
20) 김기홍, 「목사님의 설교를 들으면 신바람이 나요」(서울: 글로리아출판사, 1996).

B. 주일 오후 설교

주일 오후 예배에 참석한 교우들의 신앙 상태는 대체로 믿음이 좋고 열심 있는 교우들이라고 볼 수 있다. 그들에게는 보다 깊이 있고 체계적인 구속사적 복음설교가 필요하다고 생각한다. 그래서 구약성경을 창세기부터 말라기까지 소위 강해설교라고 하는 본문적 주제설교를 하겠다.

하나님의 구속사를 이해하고, 신령한 은혜의 체험을 통해 구원의 확신을 가지고 그리스도의 증인의 삶을 살도록 하는 데 역점을 두고자 한다. 하나님의 구속사를 비교적 세밀하게 증거하기 위하여 구약의 역사적 본문의 배경을 자세하게 살피고 그 역사적 사건을 통해서 하나님께서 섭리하신 일들을(복음) 통찰하겠다. 구약성경의 율법적 강조 부분도 신약과 관련하여 구속사적 설교원리에 따라 복음적으로 해석하고 이해하도록 설교하겠다.

C. 삼일밤 예배 설교

삼일밤 예배에 참석한 교인들의 열심은 한국 교회의 특징이요, 자랑이다. 삼일밤 예배에 참석하는 교인들은 남자들은 직장 관계로 거의 참석하지 못하나 대체적으로 기도와 신앙이 뜨거운 성도들이 주로 참석한다는 것을 감안하여 복음적 깊이가 있는 구속사적 복음설교를 하되 신약 중에서 선정하여 본문적 주제설교(강해설교)를 하려고 한다. 구속사적 설교의 핵심이 되는 예수 그리스도를 선포하겠다. 그들의 삶 속에 예수 그리스도를 보여주는 구속사적 설교를 하겠다.

D. 새벽 기도회 및 금요 심야기도회 설교

한국 교회의 가공할 만한 성장 원인 중 하나가 새벽기도에 있다. 현대 산업사회의 분주한 삶에 지친 교우들이 피곤을 이겨내며 새벽을 깨워 성전에 나와 기도하는 것은 실로 감탄할 만하다. 또한 금요일 밤마다 10시에 모여 12시까지 낮에 밖에 나가 피곤하게 활동하고도 깊은 밤에 성전에 모여 간절히 기도함은 우리 민족에게 주신 하나님의 특별하신 축복으로 믿고 감사

드리지만, 설교를 듣는 중에는 피곤하여 졸음이 올 약점이 있다.

그래서 새벽기도회 설교는 약 30분 동안 예배드려야 하는 시간적인 제약 때문에 신자의 삶의 상황을 고려하는 적용적 설교로서 복음적 삶이 표현되도록 설교하겠다. 금요 심야기도회는 주로 찬송과 기도와 간증 중심으로 예배를 진행하고 있으나 그럼에도 불구하고 구속사적 설교가 비중을 차지한다. 필요한 주제를 찾아 구속사적인 복음을 제시하여 삶에 적용하도록 했지만 구속사의 완성이라고 할 수 있는 요한계시록을 각 장의 단락을 끊어서 차례차례 증거함으로 힘들게 살아가는 현대인들에게 복음의 능력과 환희를 체험하도록 하겠다. 하나님의 구속사를 이해하고 종말론적인 '이미'와 '아직'이라는 시간선상에서 구원의 순례자들로서 사명적인 삶으로 헌신하도록 설교하겠다.

3. 적용에 기대되는 성장 전망

구속사적 설교를 하므로 기대가 되는 전망은 크다. 도덕적이고 율법적인 설교에서 복음의 진수를 맛보지 못하다가 구속사적인 설교를 통하여 구원의 확신과 풍성한 삶을 경험하는 신자들은 개인의 삶과 신앙은 물론 가정, 구역, 각 기관(소그룹), 교회 성장에도 큰 영향을 미칠 것이다. 설교자 자신도 복음적 사고와 삶으로 목회에 임할 것이고 주님의 목장에는 그리스도로 살찌운 행복한 양떼들로 가득차게 될 것이다.

1) 교회 성장에 미칠 영향

교회 성장의 본질은 하나님의 구속의 경륜에 있어서 구속사적인 복음 선포와 성령의 역사에 있다고 본다.

초대 교회 사도들의 설교는 그리스도를 뜨겁게 증거하였기 때문에 교회가 날마다 성장하였다. 교회 성장은 하나님의 역사다. 복음이 있는 곳에 성령께서 역사하신다. 따라서 교회는 하나님의 말씀이 흥왕할 때 크게 성장하였다. 그렇지만 말씀이 빛을 잃을 때 교회는 자연히 쇠퇴하였다(행 6: 7, 12: 24, 19: 20).

그러므로 구속사적 복음설교 사역이 이루어질 때 교회는 성장한다. 기독교 역사 가운데 4세기부터 16세기까지를 암흑시대라고 말한다. 복음이 바로 선포되지 않았던 불행한 시기인 것이다. 그러나 하나님의 사람 마틴 루터와 요한 칼빈이 성경을 재발견하고 구속사적 복음설교 사역을 제대로 할 때 교회는 새롭게 부흥되기 시작하였다. 칼빈은 제네바에서 일생동안 목회자로 살면서 구속사적 설교(본문적 주제설교)를 함으로써 교회가 크게 부흥되었다.

침체에 빠져가는 한국 교회 강단도 구속사적 복음설교운동이 일어날 때 성장할 수 있다. 교회 성장학자 와그너(C. Peter Wagner)도 복음을 설교할 때 교회가 성장한다고 보았다.[21] 교회 성장은 성경에 계시된 대로 하나님께서 그리스도 안에서 구속을 위하여 하신 일들을 선포할 때 가능하다. 구속사적인 복음을 증거할 때 회중들이 변화하고 바라던 양적, 질적 교회 성장이 오게 된다.

2) 개인 신앙에 미칠 영향

구속사적 설교는 개인의 신앙과 복음적 삶을 살게 하는 데 절대적인 영

---

21) 피터 와그너, 「교회 성장을 위한 지도력」 김선도 역(서울: 생명의 말씀사, 1993), p.12.

향을 주게 된다. 죄 아래 있는 인간이 복음을 듣고 회개하여 영혼이 구원받은 감격을 체험하여 변화된 삶, 능력 있는 삶을 살게 하는 데에는 구속사적인 설교 사역에 있다고 본다. 믿음은 하나님을 아는 것이다. 이 믿음은 하나님의 구속 계획에 따른 복음을 선포할 때 일어난다.

칼빈은 「기독교 강요」를 저술하였다. 그 목적은 모든 사람들에게 하나님에 대한 신앙을 갖도록 하기 위함이었다.[22] 칼빈에게 발견할 수 있는 구속사적 복음 사역은 하나님이 나를 위해서 무엇을 하셨는가를 알도록 하는 데 있다고 볼 수 있다. 다시 말해 칼빈의 복음적 논지는 "우리가 이렇게 되리라"(To do-to be)는 율법적 논지가 아니라, "하나님이 너를 이렇게 만드셨다. 그러므로 너는 이렇게 할 수 있다"(To be-to do)는 신앙을 주는 것에 구속사적 설교의 논지가 있다고 정의한다. 구속사적 설교 사역은 하나님께서 예수 그리스도 안에서 값없이 주신 구원의 은총을 선포할 때 믿음이 세워지고, 구원의 감격과 삶의 변화(성결한 삶)를 체험케 한다. 능력 있는 삶을 살게 한다.

이토록 구속사적인 설교는 그리스도를 증거함으로 개인의 삶에 크게 영향을 준다. 그리스도인으로서 풍성한 삶을 살도록 한다.

3) 각 기관에 미칠 영향

교회 안에는 상당히 많은 소그룹(기관과 구역)이 있다. 교회학교 각 부서, 남·여전도회, 직원회, 당회, 사무총회 등 여러 기관과 구역 등이 있다. 이 작은 소그룹들이 주님의 몸된 교회의 지체를 이룬다. 이렇게 많은 소그룹들은 교회 성장에 상당한 역할을 감당하고 있다. 그러나 이 많은 소그룹

---

22) 프랑시스 웬델, 「칼빈의 신학서론」 한국칼빈주의연구원 편역 (서울: 기독교문화협회, 1986), p.155.

들도 변화를 체험하지 못하면 골칫거리로 둔갑할 수도 있다. 오히려 교회 성장에 거침돌이 될 수가 있다.

먼저 소그룹의 리더들이 구속사적인 복음설교를 통해서 변화되어야 한다. 구원의 확신을 가져야 한다. 복음적으로 그들의 삶이 변화되지 않으면 율법적인 사고와 율법적인 일에 매일 것이다. 사명감 이전에 그들 속에 복음이 없는데 무엇을 가지고 다른 사람의 변화를 기대할 것이며, 소그룹을 리더할 것인가? 복음을 경험하여 구원의 감격과 성령께서 함께 하시는 능력 있는 삶, 복음으로 말미암는 풍성한 삶으로 그들의 신앙이 바뀌어야 한다. 이때부터 사명감을 확신하게 된다. 바라던 소그룹이 활성화된다. 소그룹의 리더들이 구속사적 설교를 통하여 복음으로 새롭게 변화될 때 놀라운 성과가 나타나게 될 것이다.

결론적으로 구속사적 설교 사역은, 개인의 신앙은 물론 각 기관과 교회 전체에 놀라운 영향을 미칠 수 있게 된다. 이 복음은 개인의 영혼을 살찌우게 하고, 교회는 화평하며, 질서가 서게 한다. 그리고 날마다 성장하여 든든히 서 가는 교회가 될 것이다. 구속사적 복음의 초석 위에 있는 교회는 무너지지 않을 것이다.

결 론

결 론

1. 요 약

　목회는 구원 사역이다. 죄에 빠진 인간들이 예수 그리스도를 믿고 구원에 이르도록 하는 수단이 목회라면, 구원에 이르도록 믿음을 세우는 사역은 설교다. 예수님께서 베드로에게 목회를 위임할 때 부탁한 것은 양을 먹이는 것이었다. 목회자가 양을 먹이는 사역이란 하나님의 구원사에 종사하는 사역으로서 복음을 설교하는 일이다. 구원 사역은 설교라는 수단을 통하여 이루어진다.

　설교는 교회의 중심 사명이다. 설교가 없이는 목회를 할 수 없다. 설교는 목회의 생명이며, 교회를 교회되게 하는 사역이다. 교회가 교회다워지고, 기독교가 기독교다워지려면 하나님의 말씀 선포가 올바르게 이루어져야 한다. 설교 역사를 통하여 보면 복음이 확실하게 증거되던 시대에는 교회가 성장했다. 그러나 강단에서 설교의 능력을 잃었을 때는 교회의 성장이 멈추었다. 뿐만 아니라 교회가 병들었고 사회와 국가도 부패하였다.

　제아무리 유능한 설교자라 해도 예수 그리스도가 빠진 설교는 설교가 아니다. 복음이 없는 설교는 설교라고 할 수 없다. 목사는 오로지 예수의 복음에 목숨을 걸어야 한다. 이 한 가지 사실과 신념이 목회와 구속사적 설교, 구속사적 설교와 교회 성장 모두 상관성이 있음을 염두에 두고 한국 교회 강단 회복을 위해서 목회신학 정립에 의한 구속사적 설교를 연구하게 되었다.

설교 개념 자체를 그리스도 중심인 구속사적으로 새롭게 정의해 보았다. 따라서 복음이 없는 설교는 설교가 될 수 없음도 알았다.

구원 사역으로서의 목회는 무엇인가를 칼빈의 「기독교 강요」에 의해 신학의 기초를 세우고, 목회와 구속사적 설교의 상관성을 살펴보았다. 목회는 신앙을 위한 사역에 초점이 있다. 구원에 이르는 믿음을 세우도록 하나님은 목회자와 설교자를 세운 것이다.

믿음이 없이는 회개를 기대할 수 없다. 믿음이 없이는 죄사함을 받을 수 없다. 복음이 들려지지 않고는 믿음이 일어나지 않는다. 믿음이 생기도록 복음을 선포하는 것이 구속사적 설교다. 성경적인 설교다. 이 복음이 들려질 때 믿음이 세워진다.

성경적인 설교는 어떤 것인가? 신학의 입장에 따라 다르다. 어떤 설교신학을 갖는가에 따라서 방향이 달라질 것이다. 설교자의 신학 입장과 성경관에 따라서 얼마든지 달라진다. 그렇다면 어떤 설교가 성경적인 설교일까? 구속사적 설교다. 왜냐하면 성경 전체가 구속사이기 때문이다. 구속사는 성경을 여는 열쇠와 같다. 구속사란? 하나님께서 예수 그리스도 안에서 인간을 구속하실 것을 계획하시고 성취하신 구원의 역사다.

구속사적 설교는 한국 교회에서는 생소한 말이다. 구속사적 설교를 말하기 시작한 것은 1930년대 화란의 칼빈주의자들에 의해서다. 칼 바르트(K. Barth)의 변증법적 신학에 대한 반응으로 구속사적 설교가 태동하게 되었다. 또한 화란 교회 내에 주관주의(소위 경건주의), 신비주의, 개인주의, 신령주의, 그리고 합리주의에 대한 반작용으로 하나님의 언약사상에 근거한 구속사적 설교가 일어나게 되었다.

설교에 있어서 변증법적 신학에 의한 실존적인 설교와 해석은 하나님의 계시 역사를 말살하는 것이다. 성경을 설교자의 사상의 옷걸이(Pin)로 삼는 그리스도가 빠진 모범적 설교도 문제였다. 그래서 비성경적 신앙운동에 쐐기를 박고, 성경적인 말씀을 선포할 필요를 갖게 된 것이다. 하나님께서 성경의 역사적 본문에 계시된 구속사를 통해서 무엇을 말씀하시는지 분명하게 선포하고자 하는 것이 구속사적 설교의 발원이다.

성경의 일관된 흐름이 구속사다. 성경이 구속사적 설교를 뒷받침해 주고 있다. 성경은 창조주 하나님께서 예수 그리스도 안에서 인간을 구속하시기 위하여 역사를 주관하시고 섭리하시는 구원의 역사다. 하나님께서 죄인을 구원하시기 위하여 하신 일을 구속사적 설교의 원리로 삼는다.

구속사는 본질적으로 역사성(Historicity)을 가지고 있다. 왜냐하면 구속사는 역사 속에서 역사와 더불어 역사를 통하여 전개되어지는 구원의 역사이기 때문이다. 하나님은 그의 구속의 계획을 역사 속에서 이루어 가신다. 역사 속에서 여러 가지 사건을 동반하면서 점진적으로 발전되어 간다. 그래서 구속사는 여러 개의 토막으로 나뉘고 분리될 수 있는 것이 아니다. '하나'(a Unit)이다. 역사는 하나의 통일성(Unity)을 가진다.

그렇다면 성경의 역사적 본문(Historical Text)을 가지고 구속사적 설교를 어떻게 할 것인가? 구속사적 설교는 역사적 본문을 기초로 한다. 그래서 역사적 본문의 목표에 따라야 한다. 역사적 본문은 역사 속에서 하나님이 하신 일을 선포하기 때문이다.(Proclamation of God's acts in History) 역사적 본문에 흐르는 구속사는 우리를 그리스도께 비끌어 매는 띠라는 것을 알았다. 목회신학의 근간이 여기에 있음을 알았다. 하나님이 그리스도 안에서 하신 일들이 양떼들의 영혼을 살찌우게 하는 복음이라는 사실 때문이다.

지금까지 살펴본 구속사적 설교관을 가지고 한국 교회의 설교 현장을 비교하여 보았다. 한국 교회 설교는 대부분이 모범적(율법적인) 설교였다. 특히 구속사와 언약의 관점에서 성경을 해석하는 일이 극히 드물었다. 성경의 핵심(예수 그리스도)은 버리고 껍질(윤리, 모범)만을 가지고 우려내는 모범적 해석은 성경의 역사적 본문을 파괴하는 것이다. 하나님의 계시의 점진

과정을 매장시키는 과오를 범하게 된다. 동시에 회중들의 영혼은 복음을 듣지 못해 기갈과 고갈을 느끼며 목말라할 것이다. 여기에 구속사적 설교는 하나님의 뜻이며 요청임을 깨달았다.

마지막으로 성경적인 설교인 구속사적 설교의 원리와 방법을 적용하여 성도들의 반응을 분석하였다. 그간의 필자의 설교를 객관적으로 볼 수 있었다. 거의 모두가 교회 성장에 있어서 설교의 중요성을 말하고 있었다. 본문적 주제설교 방법(일명 강해설교)인 구속사적 설교를 선호하고 있었다. 이론과 실제에 나타난 결과를 가지고 계획성 있는 목회를 위해 설교계획을 세웠다. 회중들은 믿음이 충만하여 구원의 열매, 복음적인 삶을 살게 될 것이다. 강단은 그리스도로 살찌울 것이고, 바라던 교회 성장도 확신한다. 교회는 설교에서 나왔고, 설교와 함께 자라고, 설교와 함께 존망을 같이한다. 구속사적인 복음이 선포되는 곳에 그리스도께로 돌아오는 심령이 많아질 것이다.

2. 제 언

끝으로 한국 교회 강단의 회복과 설교자가 추구하는 본래의 목적을 달성하기를 바라면서 다음과 같이 제언한다.

첫째, 성경적인 설교 부흥이 일어나야 한다. 신학의 통제를 벗어난 목회, 신학이 전혀 없는 제멋대로의 설교가 한국 강단에 행해지고 있다. 오늘의 강단 사역에 있어서 예수 없는 설교, 복음의 내용이 빠진 설교는 한국 교회가 맞이한 설교 위기의 결정적 원인일 것이다. 그러므로 강단의 회복 없이는 한국 교회의 진정한 성장을 기대하기란 어렵다.

성경적인 설교는 구속사적인 설교다. 예수 그리스도를 선포하는 설교다. 믿을 내용이 있는 설교이다. 하나님께서 예수 그리스도 안에서 하신 일을 설득력 있게 전하는 것이다. 그래서 목회가 그렇듯이 강단 사역 역시 성경적, 복음적이 되어야 한다. 구원에 이르도록 믿음을 세우는 것을 목표로 살아야 한다.

성경으로부터 탈선된 설교는 설교가 아니다. 성경 말씀에서 떠난 광신자도 탈선이며, 성경을 이데올로기화하는 것도 탈선이다. 칼빈의 말대로 진리를 떠나 전속력으로 달리는 것보다 차라리 말씀 안에서 절면서 가는 것이 낫다. 오직 성경만 전하고 성경 전부를 전할 때 회중들의 가슴에 믿음이 타오르게 된다.

둘째, 그리스도가 살아 있는 구속사적 설교가 확산되어야 한다.

구속사적 설교는 믿어야 할 내용이요 복음이다. 구속사적 설교만이 교회를 교회답게 하는 목회이며 교회가 사는 길이다. 죄를 책망하고 회개를 촉구하지 못하는 설교는 설교가 아니다. 그리스도가 없는 설교는 이미 말씀이 아니다. 복음이 없으면 어떤 모양으로든지 율법주의가 된다. 둑이 터져 물이 고여 있지 않은 방죽을 상상해 보라. 그리스도가 빠진 강단, 복음이 없는 설교가 그와 같다. 목이 타오르도록 단비를 기다리는 영혼들을 생각해 보라, 믿을 내용을 안 주면서 무엇을 믿으라고 하는가? 복음의 내용이 없으면 믿을 내용도 없다. 무엇으로 사람의 심령을 변화시킬 수 있는가? 어떻게 상한 심령을 치료할 수 있겠는가? 그리스도를 전하라! 그리스도는 복음이다. 그리스도가 살아 있는 구속사적 설교를 하라. 이 복음의 역사는 죄인들이 회개하고 돌아오게 될 것이다.

셋째, 믿음을 세우는 설교를 해야 한다.

죄인은 믿음으로 구원받는다. 그런데 설교가 믿음을 위해 봉사하지 않는다면 무슨 의미가 있는가? 성경을 가지고 믿음을 깨뜨리고, 설교로 복음을 깨뜨리는 일이 얼마나 많은가? 자유주의 신학자나 인본주의 설교자들에게서 볼 수 있는 현상이다. 믿음은 하나님을 아는 것이다. 하나님께서 그리스도 안에서 우리를 위해 무엇을 해 주셨는지를 전할 때 믿음이 세워진다. 구속 사적 설교는 믿을 내용인 그리스도를 전한다. 하나님을 알게 한다.

　설교의 기술과 방법에 대한 방대한 연구와 노력보다 구속사적인 설교신학을 가지라. 길이 닦아지지 않았는데 승용차가 무슨 소용이 있으며, 운전면허증을 소유하지 않은 사람이 승용차가 있은들 무슨 소용이 있는가? 가당치 않은 일이다. 모두 무거운 짐짝만 될 뿐이다. 알쏭달쏭한 모범적인 설교, 도덕적인 설교, 율법적인 메시지를 듣고 믿음이 일어나겠는가?

[부천제일교회 설문지]

성 별 (남, 여)　　　연 령 (　세)　　　직 분 (평신도, 직원)

1. 본 교회 출석 기간은?
   ㄱ. 6개월 미만　　　　　ㄴ. 6개월 이상 1년 미만
   ㄷ. 1년 이상 3년 미만　　ㄹ. 3년 이상

2. 내가 생각하는 가장 중요한 목회자의 직무는?
   ㄱ. 심방　　ㄴ. 교회행정　　ㄷ. 설교　　ㄹ. 사회봉사(사회참여)

3. 교회 성장에 가장 중요한 요소는?
   ㄱ. 교회의 조직화(행정)　　ㄴ. 열심 있는 심방
   ㄷ. 계획 있는 교육 프로그램　　ㄹ. 복음적인 설교(구속사적인)

4. 설교는 교회 성장에 있어서
   ㄱ. 중요하지 않다　　　　ㄴ. 상관이 있다
   ㄷ. 중요하나 절대적이지 않다　　ㄹ. 절대적으로 중요하다

5. 내가 설교에 감명받은 것은(연중)
   ㄱ. 절반쯤 된다　　　ㄴ. 대부분이다　　　ㄷ. 항상

6. 우리 교회의 설교 시간은?
   ㄱ. 너무 길다　　ㄴ. 좀 길다　　ㄷ. 적당하다　　ㄹ. 짧다

7. 내가 가장 관심 갖는 설교는?
   ㄱ. 사회 정의에 대한 내용   ㄴ. 윤리적이고 교훈적인 내용
   ㄷ. 일상생활에 대한 내용   ㄹ. 복음적인 내용(구속사적인)

8. 내가 좋아하는 설교 형태는?
   ㄱ. 논리적 비약이 없는 이지적 설교
   ㄴ. 삶의 결단을 갖게 하는 의지적 설교
   ㄷ. 웅변적, 감정적 설교

9. 목회자의 설교 내용이
   ㄱ. 성경 내용만을 전했으면 좋겠다
   ㄴ. 성경 내용과 사회생활의 조화
   ㄷ. 예화를 많이 하는 설교
   ㄹ. 신학적인 내용

10. 어느 설교 형태가 좋은가?
    ㄱ. 본문 내용 중심의 설교(구속사적 설교)
    ㄴ. 제목 중심의 설교
    ㄷ. 강해설교

11. 나는 매 주일 설교를 들은 후
    ㄱ. 대체로 만족한다
    ㄴ. 대체로 만족하지 못한다
    ㄷ. 실망한다

12. 목회자의 설교 자세는?
    ㄱ. 고정된 점잖은 자세

ㄴ. 손짓, 몸짓을 적당하게 사용하는 자세

ㄷ. 정열적으로 동작을 많이 하는 자세

13. 어떤 설교에 은혜를 받습니까?

ㄱ. 죄를 책망하는 설교

ㄴ. 삶에 위로와 용기를 주는 설교

ㄷ. 삶에 방향을 제시하는 설교

ㄹ. 사회(경제, 정치) 부조리를 공격하는 설교

14. 목회자는 설교의

ㄱ. 원고를 보며 조리 있게 해야 한다

ㄴ. 원고 없이 성령의 감동대로 해야 한다

ㄷ. 원고를 암송하고 신자들을 보면서 한다

ㄹ. 요점만 가지고 나와 설교해야 한다.

15. 설교의 본문으로서 좋은 것은?

ㄱ. 구역(모세오경)　　ㄴ. 구약(역사서)

ㄷ. 구약(시가서)　　ㄹ. 구약(예언서)

ㅁ. 신약(복음서)　　ㅂ. 신약(역사서)

ㅅ. 신약(서신서)　　ㅇ. 신약(요한계시록)

16. 설교자의 설교와 생활은?

ㄱ. 일치해야 한다　　ㄴ. 일치를 노력해야 한다

ㄷ. 일치를 기대할 수 없다　　ㄹ. 상관없다

17. 교회 성장을 위해 강조되어야 할 설교는?

ㄱ. 축복　　ㄴ. 영생(내세)

　　ㄷ. 영적 은사　　ㄹ. 모범적인 사회인(생활인)

　　ㅁ. 성결한 삶　　ㅂ. 삶의 위로와 용기

　　ㅅ. 전도　　ㅇ. 복음적인 설교

18. 목회자에 대한 나의 가장 큰 기대는?
　　ㄱ. 사회 정의 참여　　ㄴ. 교단 정치 참여
　　ㄷ. 유능한 행정　　ㄹ. 심방
　　ㅁ. 능력 있는 복음 설교(구속사적)　　ㅂ. 성직자의 삶(덕망)

19. 훌륭한 설교자가 되기 위해 가장 필요한 것은?
　　ㄱ. 독서　　ㄴ. 기도와 명상
　　ㄷ. 신자의 관심 파악(심방 및 상담)　　ㄹ. 고도의 학문과 학위

20. 청중의 자세와 설교는?
　　ㄱ. 결정적인 영향을 미친다
　　ㄴ. 문제가 안 된다(관계가 있지만)
　　ㄷ. 전혀 관계가 없다

21. 나는 설교를 듣기 위해서
　　ㄱ. 매일 기도로 준비하여 주일 예배에 참석한다
　　ㄴ. 주일 예배에 참석하여 설교를 위해 기도한다
　　ㄷ. 아무 준비 없이 듣는다

22. 귀하가 설교자에게 요망하는 것이 있으면 무엇이든지 써 주십시오

- 감사합니다 -

[참고문헌]

I. 국외서적

Adams, Jay E. Preaching with purpose. Grand Rapids: Baker Book House, 1982.

Anderson Ray, ed. Theological Foundations for Ministry. Grand Rapids: Eerdmans, 1979.

Berkhof, Hendrikus. Christian Faith. Grand Rapids: Eerdmans, 1979.

Beyerhaus, Peter. Missions: Which Way?. Grand Rapids: Zondervan, 1977.

Calvin, John. Institutes of Christion Religion. Ed. John Mcneil. Philadelphia: The Westminster Press, 1967.

Clowney, Edmund P. Preaching & Biblical Theology. Phillisburg: Presbyterian & Reformed Publishing Co., 1979.

Farrar, Frederic W. History of Interpretation. Grand Rapids: Baker Book House, 1979.

Firet, J. Het Agogisch Moment in Het Pastoraal Optreden. Kampen: Kok, 1968.

Forsyth, P. T. Positive Preaching and the Modern Mind. Grand Rapids: Wm. B. Eerdmans, 1966.

Graaf, S. G. De. Veerbondsgeschiedenis Schetsen Voor de Vertelling Van de bijbelsche Geschiedenis. 2 vols. Kampen: Kok, 1935.

Green, Hollis. Why Churches Die?. Minneapolis: Bethany Fellowship, 1972.

Greidanus, Sidney. Sola Scriptura.: Problems & Principles in Preaching Historical Texts. Toronto: Wedge Publishing Foundation Co., 1970.

Holwerda, B. Begonnen Hebbende van Mozes. Kompen: Berg, 1974.

Huiser, Ph. J. Het Exempel in De Prediking. Groningen: J. Niemeijer, 1952.

Kittel, R. Biblia Hebraica. Stuttgart: Privileg Wurttembergische Bibelaustalt, 1937.

Marcel, Pierre Ch. The Relevance of Preaching. Grand Rapids: Baker Book House, 1977.

Purkiser, W. T. The New Testament Image of The Ministry. Kansas City: Beacon Hill, 1969.

Robinson, Haddon W. Biblical Preaching The Development and Delivery of Expository Messages. Grand Rapids: Baker Book House, 1982.

Stott, John R. W. The Art of Preaching in 20C., Beteen Two Worlds. Grand Rapids: Eerdmans, 1982.

Thompson, William D. Preaching Biblically, Exegesis and Interpretation. Nashville: Abingdon, 1981.

Vos, Geerhardus. Biblical Theology Old and New Testament. Grand Rapids : Eerdmans, 1975.

Wagner, Peter. Frontiers in Missionary Strategy. Chicago: Moody Press, 1971.

Ⅱ. 번역서적

구스타프 윈그렌. 「루터의 소명론」 맹용길 역. 서울: 컨콜디아사, 1976.

S. G. DE. 그라아프. 「약속 그리고 구원」 박권섭 역. 서울: 크리스천서적, 1989.

C. H. 다드. 「설교의 원형과 그 발전」 채위 역. 서울: 신생사, 1965.

도날드 디 머레이. 「강단의 거성들」 나용화 역. 서울: 생명의 말씀사, 1994.

도날드 맥가브란. 「교회 성장 이해」 전재옥, 이요한, 김종일 역. 서울: 대한예수교 장로회출판국, 1987.

데이비드 J. 란돌프. 「설교의 갱신」 정용섭 역. 서울: CLS, 1976.

데이비드 풀러. 「스펄전의 설교노트」 김형대 역. 서울: 생명의 말씀사, 1994.

M. R. 디한. 「율법이냐 은혜냐」 이용화 역. 서울: 생명의 말씀사, 1994.

C. 라이드. 「설교의 위기」 정장복 역. 서울: 대한기독교출판사, 1982.

랄트 G. 턴불. 「실천신학사전(Ⅰ)」 김소영, 박근원, 차풍로 역. 서울: CLS, 1977.

R. 압바. 「기독교예배의 원리와 실제」 허경삼 역. 서울: 대한기독교서회, 1976.

D. M. 로이드 죤즈. 「목사와 설교」 서문강 역. 서울: 기독교문서선교회, 1983.

로이드 M. 페리. 「현대인을 위한 성서적 설교」 박명홍 역. 서울: 은혜출판사, 1994.

론 젠슨 짐스티븐슨. 「생동하는 교회 성장」 금병달 역. 서울: 순출판사, 1991.

루울 하우. 「설교의 파아트너」 정장복 역. 서울: 도서출판 양서각, 1982.

루이스 뻘코프. 「조직신학」 제5권 「구원론」 고영민 역. 서울: 기독교문사, 1981.

리델 보스, 클라우니, 레커, 프랑스. 「구속사와 하나님 나라」 오광만 역. 서울: 반
    석문화사, 1992.

리챠드 포스터. 「영적 훈련과 성장」 권달천 역. 서울: 생명의 말씀사, 1994.

리턴 포드. 「변화를 일으키는 리더십」 김기찬 역. 서울: 생명의 말씀사, 1995.

매튜 헨리. 「사사기, 룻기」 박근용 역. 서울: 기독교문사, 1980.

J. R. 맥퀼킨. 「성경의 해석과 적용」 송용조 역. 서울: 성경학교출판부, 1992.

D. L. 베이커. 「구속사적 성경해석학」 오광만 역. 서울: 도서출판엠마오, 1989.

부르스 존스. 「목회리더십과 경영」 주상지 역. 서울: 생명의 말씀사, 1994.

H. C. 브라운외 2인. 「설교방법론」 이정희 역. 서울: 요단출판사, 1991.

브루스 모힌니. 「목사님 설교가 아주 신선해졌어요」 오태용, 김광점 역. 서울: 베
    다니출판사, 1995.

사무엘 T. 로간. 「설교는 왜 하는가?」 서울: 말씀의 집, 1990.

C. H. 스펄전. 「아침저녁 설교와 명상」 전칠홍 역. 서울: 백합출판사, 1974.

시드니 크레이다누스. 「구속사적 설교의 원리」 권수경 역. 서울: 학생신앙운동출판
    부, 1995.

J. E. 아담스. 「설교연구」 정양숙외 역. 서울: 기독교문서선교회, 1994.

J. E. 아담스. 「설교의 시급한 과제」 이길상 역. 서울: 아가페출판사, 1993.

J. E. 아담스. 「설교는 이렇게 들어야 합니다」 김성웅 역. 서울: 생명의 말씀사,
    1994.

앤드류 블랙우드. 「현대인을 위한 강해설교」 양낙홍 역. 서울: 생명의 말씀사,

1990.

에드먼드 클라우니. 「설교와 성경신학」 김정훈 역. 서울: 한국기독교교육연구원,
        1982.

엘머타운스. 「성장하는 교회는 무엇이 다른가」 김훈기 역. 서울: 요단출판사, 1993.

H. M. 오만. 「구속사적 관점에서 조명한 성경해석학」 교회문제연구소 역. 서울:
        엠마오, 1991.

오스왈드 스미스. 「구령의 열정」 박광철 역. 서울: 생명의 말씀사, 1994.

요셉 리차드. 「칼빈의 영성」 한국칼빈주의연구원 역. 서울: 기독교문화협회, 1988.

워런 위어스비. 「위어스비가 권면하는 설교원리」 김창모 역. 서울: 나침출판사, 1987.

월터 C. 카이저. 「현대 설교에서 천대받는 구약성경」 김영철 역. 서울: 여수룬, 1992.

윌리엄 D. 톰프슨. 「성경적 설교」 차호원 역. 서울: 도서출판 소망사, 1992.

제랄드 죤스. 「설교학 말씀선포」 추연수 역. 서울: 기독교문서선교회, 1994.

제임스 데인. 「능력 있는 설교」 이형원 역. 대전: 침례신학대학출판부, 1992.

제임스 E. 마씨. 「설교의 디자인」 차호원 역. 서울: 도서출판 소망사, 1990.

제임스 콕스. 「성서적인 설교(구약, 신약)」 이형원 역. 대전: 침례신학대학출판부,
        1992.

죠지 바너. 「21세기 교회를 붙잡아라」 탁영철 역. 서울: 베다니출판사, 1993.

죤 건스톤. 「교회력에 따른 절기 설교주석」 김준영 역. 서울: 한국기독교문화원, 1994.

죤 맥아더외 공저. 「강해설교의 재발견」 김동완 역. 서울: 기독교문서선교회, 1994.

죤 스타트. 「성경연구입문」 최낙재 역. 서울: 한국성서유니온, 1975.

죤 스타트. 「현대 교회와 설교」 정성구 역. 서울: 도서출판 풍만, 1985.

죤 칼빈. 「기독교 강요」 김종흡, 신복윤, 이종성, 한철화 역. 서울: 생명의 말씀사,
        1986.

찰스 하지. 「프린스톤 채플노트」 김유배 역. 서울: 소망사, 1993.

M. R. 챠티어. 「설교에 있어서 커뮤니케이션」 차호원 역. 서울: 도서출판 소망사,
        1985.

G. 케네디. 「설교의 이론과 실제」 백리언 역. 서울: CLS, 1970.

D. 케젤. 「사사기, 룻기」 배영철 역. 서울: 백합출판사, 1977.

코넬리스 반더발. 「성경신학(구속사)적 관점에서 본 반더발 성경연구1. 2」 명종남
        역. 서울: 도서출판 연합, 1992.

C. 트림프. 「설교학 강의」 고서희, 신득일, 한만수 공역. 서울: 기독교문서선교회,

1986.

티모씨 켈러. 「개혁주의 설교학」 이은재 역. 서울: 나침반사, 1993.

프란시스 A. 쉐퍼. 「기독교 영성과 지성사이의 대화」 정혜숙 역. 서울: 솔로몬 말
    씀사, 1994.

프랑시스 웬델. 「칼빈의 신학서론」 한국칼빈주의연구원 편역. 서울: 기독교문화협
    회, 1986.

프레드릭 데일 브룬너. 「성령신학」 김명용 역. 서울: 나눔사, 1993.

피터 건더. 「위대한 설교」 나요섭 역. 서울: 서울서적, 1990.

피터 와그너. 「기도하는 교회」 홍원팔 역. 서울: 도서출판 알곡기획, 1994.

피터 와그너. 「교회 성장을 위한 지도력」 김선도 역. 서울: 생명의 말씀사, 1993.

피터 와그너. 「교회 성장 원리」 권달천 역. 서울: 생명의 말씀사, 1980.

피터 와그너. 「성령의 은사와 교회 성장」 권달천 역. 서울: 생명의 말씀사, 1982.

피터 와그너. 「교회 성장에 대한 신학적 이해」 이요한 역. 서울: 성서연구사, 1986.

해돈 로빈슨. 「강해설교」 박영호 역. 서울: 기독교문서선교회, 1983.

해돈 로빈슨. 「성경적인 설교」 김동완 역. 서울: 생명의 말씀사, 1993.

해롤드 T. 브라이슨외 공저. 「청중의 필요를 채우는 설교작성법」 정성영 역. 서울:
    요단출판사, 1994.

해롤드 나이트. 「칼빈의 신학사상」 기독교 학술원 역. 서울: 기독교문화사, 1992.

헨리 A. 버클러. 「성경해석학」 김승 역. 서울: 도서출판 연합, 1994.

후등광삼. 「설교학」 곽철영 역. 서울: 혜문사, 1979.

Ⅲ. 국내서적

간하배. 「현대신학해설」 서울: 개혁주의신행협회, 1974.

고재수. 「구속사적 설교의 실제」 서울: 기독교문서선교회, 1991.

국제신학연구원. 「목회자의 영성훈련」 서울: 서울서적, 1994.

권율복. 「설교에 기둥을 세워라」 서울: 베다니출판사, 1994.

김기홍. 「목사님의 설교를 들으면 신바람이 나요」 서울: 글로리아, 1996.

김기홍. 「천국의 기둥」 서울: 두란노서원, 1989.

김병로. 「설교의 목회와 도전」 서울: 신망애출판사, 1994.

김상복. 「목회자의 리더십」 서울: 엠마오, 1993.

김세윤. 「신약신학 강의노트」 아세아연합신학대학교대학원. 1988.

김소영. 「요약 설교학」 서울: 대한기독교서회, 1994.

김영구. "구속사적 설교론" 신학석사학위논문 총회신학대학교대학원, 1985.

김영동. "설교에 있어서 성령의 역할 연구" 신학석사학위논문 아세아연합신학대학교
　　　대학원, 1993.

김응조. 「사막의 생수」 서울: 기독교대한성결교회출판부, 1955.

김의환. 「도전받는 보수신학」 서울: 생명의 말씀사, 1978.

김창규. 「교회 성장과 설교방법론」 서울: 쿰란출판사, 1993.

김창하. 「설교 커뮤니케이션」 서울: 솔로몬출판사, 1994.

박윤선. 「박윤선주석」, 「여호수아, 사사기, 룻기 성경주석」 서울: 영음사, 1978.

박종칠. 「구속사적 구약성경 해설」 서울: 개혁주의신행협회, 1988.

박종칠. 「구속사적 성경해석」 서울: 기독교문서선교회, 1992.

빌헤름 니젤. 「칼빈의 신학」 이종성 역. 서울: 대한기독교서회, 1983.

석원태. 「구속사적 입장에서 본 설교운동」 서울: 경향문화사, 1984.

신성종 편. 「이렇게 설교해야 교회가 성장한다」 서울: 도서출판 하나, 1994.

신성종 편. 「이런 교회가 성장한다」 서울: 도서출판 하나, 1993.

엄필형. 「현대신학과 설교형성」 서울: 감신대출판부, 1991.

유관태. 「12가지 설교 작성법」 서울: 한돌출판사, 1990.

유부웅. "성서적 설교와 한국 교회의 강단" 목회학박사학위논문 아세아연합신학대학
　　　교대학원, 1984.

이규호. 「말의 힘」 서울: 제일출판사, 1976.

이동원. 「청중을 깨우는 강해설교」 서울: 요단출판사, 1991.

이병돈. 「창세기 강해설교집」 서울: 도서출판예찬사, 1985.

이웅일. "한국 교회 설교에 대한 현상학적 연구" 신학석사학위논문 서울신학대학교
　　　대학원 석사학위논문, 1976.

이종영. 「영적 지도력」 서울: 새한기획출판부, 1994.

이중표 편. 「교회 발전을 위한 목회 개발」 서울: 쿰란출판사, 1988.

이중표 편. 「교회 발전을 위한 설교개발」 서울: 쿰란출판사, 1989.

이중표 편. 「교회 성장과 케리그마 설교」 서울: 쿰란출판사, 1988.

이중표 편. 「교회 발전을 위한 영성 개발」 서울: 쿰란출판사, 1991.

이중표 편. 「교회발전을 위한 인격개발」 서울: 쿰란출판사, 1990.

이중표 편. 「교회 발전을 위한 의식개발」 서울: 쿰란출판사, 1992.

이중표 편. 「교회 발전을 위한 선교개발」 서울: 쿰란출판사, 1993.

이중표 편. 「교회 발전을 위한 지도력 개발」 서울: 쿰란출판사, 1994.

이성주. 「기도의 신학」 서울: 나눔터, 1994.

임사순. "온전한 제물이 되자"「대설교전집」 제9권. 한국기독교선교100주년기념대
    설교전집출판위원회 편. 서울: 박문출판사, 1974.

장두만. 「강해설교 작성법」 서울: 요단출판사, 1993.

전경연. 「예수의 비유」 서울: 대한기독교서회, 1972.

정근두. 「로이드 죤스의 설교론」 서울: 여수룬, 1994.

정두일. 「창조적 설교」 서울: 백합출판사, 1993.

정성구. 「개혁주의 설교학」 서울: 총신대학출판부, 1991.

정성구. "구속사적 설교의 원리와 방법"「신학지남」 제54권 4집 겨울호(1987),
    pp.14-60.

정성구. 「설교학 개론」 서울: 세종문화사, 1983.

정성구. 「실천신학개론」 서울: 총신대학출판부, 1981.

정성구. 「한국 교회 설교사」 서울: 총신대학출판부, 1993.

조다윗. 「나는 이렇게 설교한다」 서울: 서울서적, 1993.

조용기. 「성공적 교회 성장 열쇠」 서울: 서울서적, 1976.

최거덕. "제물은 어디에 있나이까"「대설교전집」 제4권. 한국기독교선교100주년기
    념대설교전집출판위원회 편. 서울: 박문출판사, 1974.

최한구. 「교회와 커뮤니케이션」 서울: 성광문화사, 1994.

한국문서선교회 편. 「한국의 명설교」 상, 하권. 서울: 한국문서선교회, 1978.

한철하. "목회자의 거룩"「에벤에셀」 제8호. 하용조, 김신국 편. 서울: 두란노서원,
    1986.

한철하. "신학교육과 신본주의"「성경과 신학」 제2권, 1984.

홍순우. 「교회 성장과 설교」 서울: 대한기독교출판사, 1985.

황대식. 「설교 형태 비교 연구」 서울: 혜선출판사, 1987.

구 금 섭(丘 金 燮)

학 력

서울신학대학교 졸업
University of the city of Manila(B.S)
아세아연합신학대학교 대학원 신학 석사(M.A)
호서대학교 대학원 신학과 수학(Th.M)
성산효대학원대학교 사회복지학 석사(M.S.W)
Fuller Theological Seminary (D.Min)
국제신학대학원대학교 사회복지학 박사(Ph.D candi)

경 력

큰나무교회 담임목사
경서신학, 고려신학, 경인신학, 기독교대한성결교회 목회신학원(대학원) 출강
그리스도대학교 대학원. 한일장신대학교 사회복지학과 외래교수
서울신학대학교 대학원 강사

연구 논문

「Redemptive Historical Preaching on the Desirable Formation of a Theology of Ministry」
「종교개혁 원리에 입각한 한국 교회 예배 갱신」
「John Wesley의 사회복지사상에 관한 연구」
「사회변화에 따른 효 윤리의 재고와 노인복지」
「사회복지와 Spirituality의 상관성」

주요 저서

『현대신학적 종말론 이해』(아세아신학사)
『낙방만세』(아세아신학사)
『요한웨슬레의 교회사회복지신학(한국학술정보(주))
『로마서를 아십니까?』(한국학술정보(주))
『살리는 샘』(한국학술정보(주))

구속사적 설교 신학

• 초판 인쇄	2007년 2월 10일
• 초판 발행	2007년 2월 10일
• 지 은 이	구금섭
• 펴 낸 이	채종준
• 펴 낸 곳	한국학술정보㈜
	경기도 파주시 교하읍 문발리 526-2
	파주출판문화정보산업단지
	전화 031) 908-3181(대표) · 팩스 031) 908-3189
	홈페이지 http://www.kstudy.com
	e-mail(출판사업팀사업부) publish@kstudy.com
• 등 록	제일산-115호(2000. 6. 19)
• 가 격	22,000원

ISBN   978-89-534-6304-2 93230 (Paper Book)
                978-89-534-6305-9 98230 (e-Book)